오밀조밀 세상을 만든
수학

오밀조밀 세상을 만든 수학

초판 1쇄 발행 2019년 1월 23일
초판 4쇄 발행 2023년 11월 10일

글 김용준 그림 신명환
펴낸곳 도서출판 봄볕 **펴낸이** 권은수 **편집** 김경란 **디자인** 이하나 **마케팅** 성진숙
등록번호 제25100-2015-000031호 **등록일** 2015년 4월 23일
주소 서울특별시 서대문구 서소문로 37 1406호(합동, 충정로대우디오빌)
전화 02-6375-1849 **팩스** 02-6499-1849
전자우편 springsunshine@naver.com **블로그** http://blog.naver.com/springsunshine
스마트스토어 https://smartstore.naver.com/shinybook **인스타그램** @springsunshine0423
ISBN 979-11-86979-78-5 73410

* 사진을 제공해 주시고 게재를 허락해 주신 분들께 감사드립니다. 일부 저작권을 찾지 못한 사진에 대해서는 확인되는 대로 정해진 절차에 따라 사용료를 지불하겠습니다.

> 이 도서는 한국출판문화산업진흥원의 출판콘텐츠 창작 자금 지원 사업의 일환으로 국민체육진흥기금을 지원받아 제작되었습니다.

- 책값은 뒤표지에 적혀 있습니다. • 봄볕은 올마이키즈와 함께 어린이를 후원합니다.
- 이 책은 콩기름을 이용한 친환경 방식으로 인쇄했습니다.
- KC마크는 이 제품이 공통안전기준에 적합함을 의미합니다.
- 이 책은 저작권법에 따라 보호받는 저작물이므로 무단 전재와 복제를 금합니다.

자연의 공통 언어
수리 이야기

오밀조밀 세상을 만든

수학

글 김용준 그림 신명환

수학이 만든
오밀조밀한 세상

　수학, 말만 들어도 목이 뻣뻣해져요. 문제지를 펴자마자 덮고 싶을 때도 있고요. 우리는 공식을 외우고 어려운 문제를 풀면서 수학을 공부해요. 하지만 수학은 공부가 아니에요.

　구도 잡는 법을 배우고 연필 깎는 법을 익혀야만 그림을 그릴 수 있는 건 아니에요. 음표 종류를 외우고 악보를 공부한 뒤에야 노래를 부를 수 있는 것도 아니고요. 그림 그리고 노래 부르는 것처럼 수학도 그냥 하면 돼요. 무엇으로? 숫자로!

　국어는 한글, 영어는 알파벳, 수학은 숫자를 사용해요. 수학은 언어와 같아요. 언어 중에서도 최고지요. 어디서도 통하니까요. 세계 어디를 가든 똑같아요.

　수학을 하면 수리력이 높아져요. 수학 문제를 풀 때만 수리력이 필요하지는 않아요. 어떤 순서로 일해야 할지, 사람들 사이에서 어떻게 행동할지 등 다양한 부분에서 수리력은 힘을 발휘해요.

입사 성적이 우수한 신입 사원들을 연구한 결과 다른 부분에서는 각자 차이가 있었지만 수리력은 모두가 높았어요. 다른 일을 할 때도 마찬가지일 거예요. 수학을 공부하고 수리력을 높이면 원하는 일을 할 때 훨씬 수월해져요.

요즘 인문학이 인기를 끌고 있어요. 많은 학생이 인문학 책을 읽으며 지식을 저장해요. 학생이 토론하는 모습을 보면 아는 것이 정말 많다는 생각이 들어요. 안타까운 점은, 그 지식을 실생활에서 적절히 활용하는 방법에 관한 고민은 부족해 보인다는 점이에요.

인문학적 지식을 말로 잘 표현하고 실생활에서 적절히 사용하기 위해서는 수학적 사고력, 즉 수리력이 큰 도움이 돼요. 무슨 내용을 어떤 순서로 말할지 객관적이고 논리적으로 사고하고 표현하는 능력이 바로 수리력의 핵심이거든요.

축구나 야구를 하는 운동선수가 될 거라서 수리력은 필요 없다고요? 천만에요. 수리력이 낮으면 스포츠 전술에 대해 이해하기도 어려워요. 공을 언제 주고 언제 받을지, 어떻게 협력 수비할지를 판단할 때도 수리력은 큰 역할을 하거든요. 어떤 순서로 음식을 만들지, 사람들과 함께 일할 때 어떻게 하면 더 효율성을 높일 수 있을지, 심지어 집안 정돈을 어떻게 할지를 정할 때에도 수리력이 필요해요. 공부할 때 문제에 집중할 수 있도록 감정을 조절하는 일에도 수리력이 한몫하지요.

재미없는 건 보기 싫잖아요? 복잡한 수학 공식은 이 책에 나오지 않아요. 수학에 관심을 갖고, 수학이 무엇인지 알 수 있도록 흥미로운 이야기로 가득 채웠답니다. 나중에 공부하면서 '아하! 이게 그 이야기로구나!' 할 때가 있을 거예요.

마지막으로 한 가지! 이 책에서는 기원전과 기원후라는 용어가 자주 나와요. 기원후는 서기라고 해요. 우리가 현재 사용하는 연도 및 날짜와 같아요. 서기 1년, 서기 2년 …… 서기 2018년, 서기 2019년 …… 이렇게 나아가지요. 기원후나 서기라는 말은 잘 쓰지 않아요. 그냥 연도를 말하면 돼요.

기원전은 영어로 B.C.예요. Before Christ. 즉, 예수 그리스도가 태어나기 전을 말해요. 예수가 태어나기 전은 필요 없다는 기독교적인 생각에서 기원전과 기원후가 나뉘었어요.

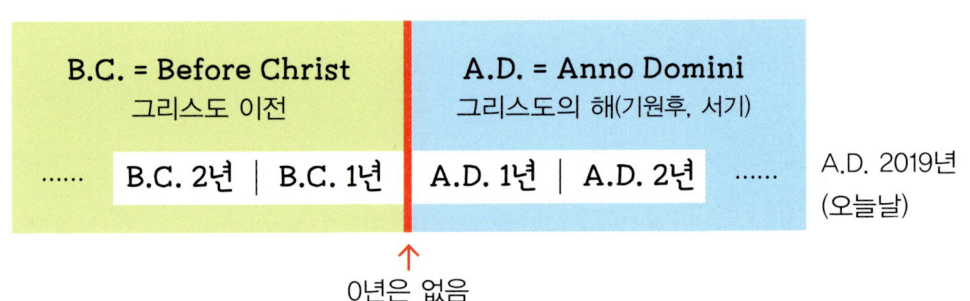

기원전은 거꾸로 거슬러 올라가요. 서기 1년의 바로 전해는 기원전 1년이에요. 0년은 없어요.

자, 이제 준비 끝! 수학이 만든 오밀조밀하고 흥미진진한 세상을 만나러 함께 떠나 볼까요?

차례

글쓴이의 말 4

1장. 태초에 셈이 있었다

1. 고대인들의 수 세기 12
2. 수를 표기하는 기수법 20
3. 없는 것의 발명 34
4. 고대 문명의 발상지와 수학 40
5. 시간을 설계하는 달력 49

2장. 한반도의 산학을 말하다

1. 고대의 산학 68
2. 전통 산학 교과서 73
3. 조선의 산학 76

3장. 이상적인 아름다움을 담다

1. 자연의 신비한 비율, 황금비 86
2. 정교한 아름다움, 금강비 96
3. 기하학으로 설계한 공간 102
4. 곡선의 힘과 균형 108

4장. 컴퓨터, 수학으로 생각하다

1. 컴퓨터의 언어 128
2. 숨은 규칙을 찾는 암호 134
3. 미래를 프로그래밍하는 코딩 142

5장. 무한함을 예측하다

1. 마방진 150
2. 단위 분수 152
3. 연대 측정 156
4. 파이 π 161
5. 확률 167
6. 통계 171
7. 나비 효과 174
8. 차원 178

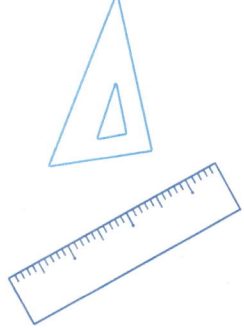

1

태초에
셈이 있었다

1. 고대인들의 수 세기

신체를 이용한 수 세기

'수'를 세어 볼까? 달리기에서 일등, 이등, 삼등. 과자가 한 개, 두 개, 세 개. 이렇게 순서나 양을 세는 게 '수'지. 이 정도는 다 할 수 있다고? 그래, 그럼 이미 수를 아주 잘 알고 있는 거야.

그럼 '숫자'도 아니? '1, 2, 3, ……' 이렇게 수를 기호로 나타낸 거. 다 안다고? 흐흠, 다 아는 걸 이야기하자니 등에 땀이 주르륵. 여기서 잠깐! 혹시 태어나자마자 수를 세는 사람 본 적 있어? 병원에서 방금 태어난 아기가 주위에 몇 사람이 있는지 센다면?

"하나, 둘, 셋!"

'쿵!'

'쿵'은 의사가 주저앉는 소리야. 아빠는 천재가 태어났다며 입이

귀에 걸리지도 모르지만.

아기는 물건과 공간이 한 덩어리라고 생각해. 구분을 못 하지. 1년 정도 자라야 물건이 따로따로 떨어져 있는 걸 알아. 그때쯤 되면 하나에서 둘까지 셀 수 있지. 손가락으로 수를 헤아리는 건? 그건 좀 더 커야 해.

처음에 인간은 아기와 같았어. 숫자는커녕 '하나, 둘'까지 세는 데도 오랜 시간이 걸렸다고. 아프리카에 사는 원시 부족들은 여전히 수를 셀 때 '하나와 둘', '둘과 둘'처럼 연결해서 생각해. 많은 건 그냥 양으로 표현하고. 양으로 따지는 건 동물의 본능이야. 동물도 어느 쪽 뼈다귀에 고기가 많이 붙어 있는지 알아. 양으로 아는 건, 수를 세는 일과는 전혀 달라. 수를 세는 게 훨씬 어렵지.

인간은 어떻게 수를 셀 정도로 머리가 좋아졌을까? 진화했어, 끝! 이럼 너무 시시하지? 오래전 인간은 두 다리로 걸을 수 있게 되었어. 그럼 걸을 때 앞발을 안 써도 되겠군! 맞아. 앞발이 손이 된 거야. 오예, 득템! 손이라는 최고의 아이템이 생겼지. 인간은 손으로 도구를 사용하고, 음식도 손으로 집어 먹었어.

등뼈 있지? 척추라고 머리 아래부터 엉덩이까지 한 줄로 쭉 이어진 뼈. 개나 고양이를 보면 머리와 등이 'ㄴ'자 모양으로 꺾여 있잖아? 네 발로 다니니까 당연한 거라고? 맞아. 인간도 네 발로 다닐 때는 고개가 위로 젖혀 있었어. 그럼 척추 위쪽 끝이 머리 뒤를 눌

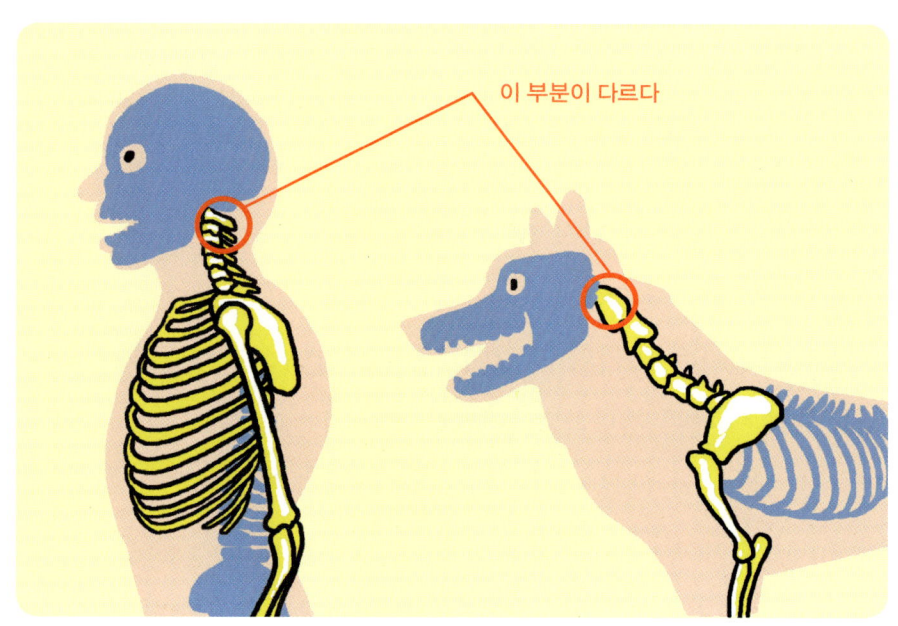

인간과 동물의 척추 비교

러서 머리를 압박해 뇌가 커지기 어렵지. 두 발로 서면서 인간은 척추 위쪽이 머리를 누르지 않게 된 거야. 그와 함께 뇌도 더 커졌고. 안 똑똑해질 수가 없었군.

인간은 다른 어떤 동물보다 생각하는 힘이 강해졌어. 놀라지 마시라! 말도 하게 되었어! 원래 인간도 짐승처럼 짖었어. 단순했던 소리가 점차 단어로 바뀌었고 단어가 모여 좀 더 복잡한 문장을 만들었지. 그렇게 말을 하고 수까지 셀 수 있게 된 거야.

인간은 몸을 써서 수를 셌어. 지금도 우리는 손가락을 접으며 수를 세곤 해. 손가락 하나에 수 하나를 기억하지. 원시인들은 손가락은 물론 눈, 코, 입, 귀까지 이용해 수를 셌어. 쓸 수 있는 건 다 갖다 썼군! 그러던 인간은 바깥으로 눈을 돌렸어. 허허벌판인 주변에는 돌멩이가 아주 흔하게 널려 있었어. 그래. 구하기 쉬운 게 최고야. 작은 돌멩이 같은 것들로 수를 표시하기 시작했지.

1~5	오른쪽 새끼손가락부터 엄지손가락까지		
6	오른쪽 손목	12	코
7	오른쪽 팔꿈치	13	입
8	오른쪽 어깨	14	왼쪽 귀
9	오른쪽 귀	15	왼쪽 어깨
10	오른쪽 눈	16	왼쪽 팔꿈치
11	왼쪽 눈	17	왼쪽 손목
18~22	왼쪽 엄지손가락부터 새끼손가락까지		

신체 기관을 이용한 수 세기

표식을 남기는 탤리   수학 시간에 계산할 때는 공책에 쓰면서 해. 어머나, 틀렸잖아! 썼다, 지웠다, 썼다, 지웠다. 암산 실력이 뛰어나서 쓸 필요 없다고? 부럽다! 어쨌든 종이도 펜도, 계산기도 없던 시절에는 어떻게 수를 기록했을까?

가장 흔한 방식은 바로 돌멩이나 막대기를 이용하는 거였어. 동물 뼈에 눈금을 새기거나 실로 매듭을 짓기도 했지. 이렇게 수를 셈하는 다양한 방식을 '탤리'라고 해. 지금까지 남아 있는 탤리 중에 가장 오래된 건 눈금이야. 눈금. 아주 단순해! 긁어서 자국을 내는 거지. 지하 감옥에 갇힌 죄수가 날짜를 기억하려고 벽에 선을 긋는 것 봤니? 하루면 눈금 하나, 이틀이면 눈금 둘, 사흘이면…… 더 말 안 해도 알겠지? 그런 눈금 표시를 동물 뼈나 나무 막대에 했어. 그

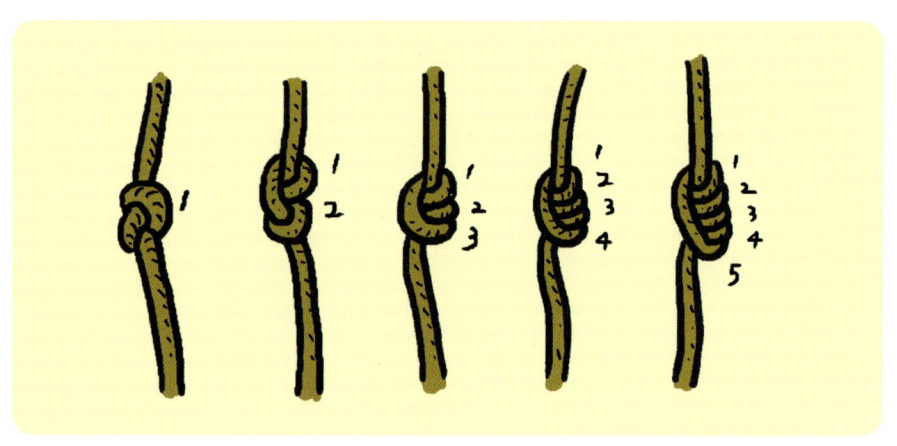

퀴푸 매듭을 이용한 잉카 민족의 수 세기

게 대표적인 탤리야.

탤리 중에 가장 유명한 것은 '레봄보 뼈'지. 레봄보 뼈는 약 3만 7천 년 전 유물이야. 남아프리카 공화국과 스와질란드 사이에 있는 '레봄보'라는 산속 동굴에서 발견된 이 뼈는 비비원숭이(또는 개코원숭이)의 종아리뼈인데, 이 뼈에 스물아홉 개의 홈이 파여 있어. 무슨 흔적일까?

아마도 달의 모양 변화를 기록한 걸 거야. 근데 왜 해가 아닌 달이지? 혹시 지금 바로 해를 볼 수 있니? 어이구, 눈 부셔! 안타깝게도 그땐 선글라스가 없던 시절이잖아. 하지만 장담하지. 눈이 시렸어도 인간은 어떻게든 해를 보았으리라. 두둥!

힘겹게 관찰해도 해는 위치만 달라지지 모양이 변하지는 않아. 그에 반해 달은? 달은 아주 편하게 볼 수 있지! 와우! 모양도 며칠 만에 휙휙 변하고. 둥근 달이 눈썹처럼 가늘어졌다가 다시 둥글게 되는 기간이 29일이야. 음력으로 한 달이 29일임을 뼈에 표시한 거 아닐까?

레봄보 뼈
(기원전 3만 7천 년경)

레봄보 뼈에 있는 표시가 정말 달의 모양 변화를 보고 기록한 것이라면? 지금까지 발견된 것 중 가장 오래된 수학적 유물일 거야.

레봄보 뼈보다 더 후대의 유물인 '이상고 뼈'도 탤리로 유명해. 이상고 뼈는 지금의 우간다 근방인 콩고에서 발견되었어. 이상고 뼈도 개코원숭이 종아리뼈야. 불쌍한 개코원숭이들을 위해 잠시 묵념.

이상고 뼈는 약 2만 년 전 유물이야. 불규칙한 표시 여러 개가 있는데, 옆 페이지의 이상고 뼈를 한번 봐. 11, 13, 17, 19개의 눈금이 새겨져 있어. 놀라지 마! 알고 봤더니 이 숫자들은 10과 20 사이에 있는 소수였어. 소수는 '1과 자기 자신 외에는 나누어지지 않는 수'야. 이 수들을 모두 합하면 11+13+17+19=60이 되지.

다른 이상고 뼈에는 7, 5, 5, 10, 8, 4, 6, 3개의 눈금이 새겨져 있어. 이 숫자에서 처음 나오는 7을 제외한 5와 5의 합은 10이고, 8과 6은 각각 4와 3의 두 배가 되는 수야. 이 수들의 합은 48인데, 48과 앞서 나온 60 모두 12의 배수이기도 해. 이게 수만 년 전 사람의 수학 실력이라니. 추측하건데 고대인들은 곱셈과 나눗셈, 소수의 개념에 대해 알았던 것으로 보여.

이처럼 인류는 다양한 방식으로 셈을 하고 흔적을 남겼어. 아쉽지만 이런 흔적이 오늘날 우리가 사용하는 '숫자'와 같다고 보긴 어려워.

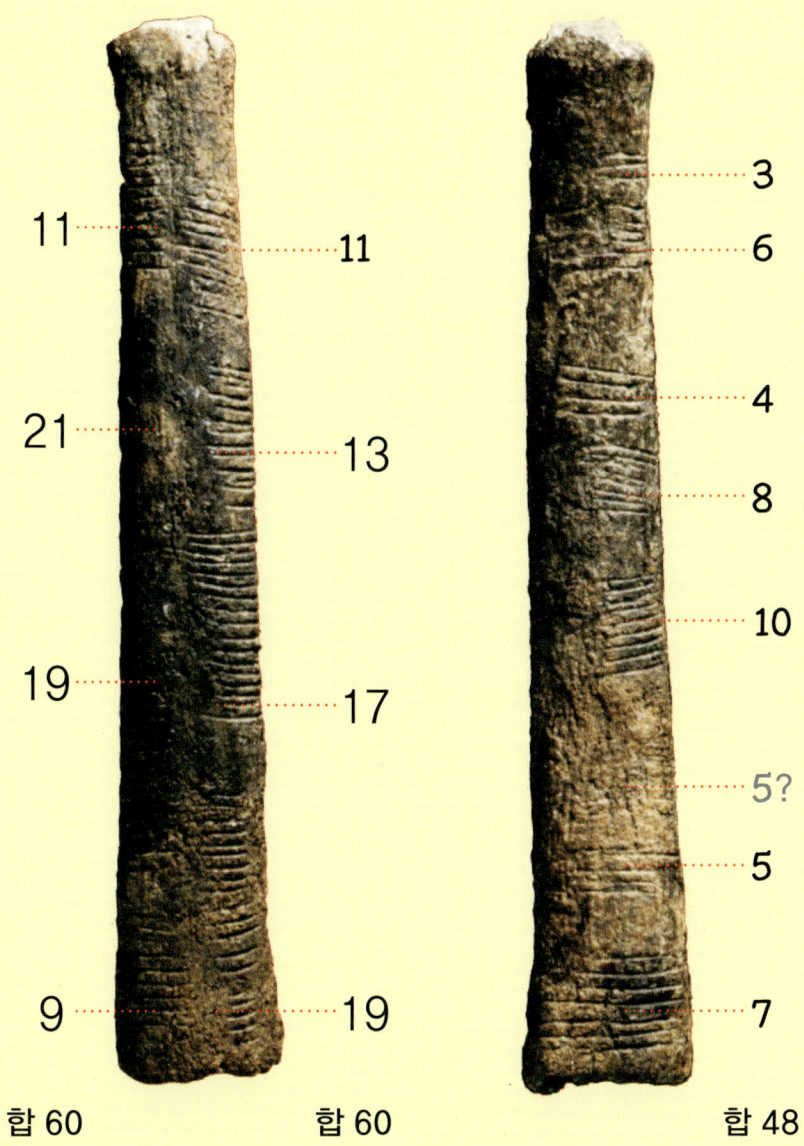

이상고 뼈에 새겨진 눈금 표기(기원전 2만 년경)

2. 수를 표기하는 기수법

다양한 진법 '수'는 모양이 없어. 그럼 어쩌나. 백만을 계산하려면? 돌멩이 백만 개를 가져다 놓고 하나씩 빼야 하나? 후훗. 다행스럽게도 우리에겐 숫자가 있지. 수를 나타낸 기호, 숫자!

침팬지나 보노보는 인간과 아주 비슷한 유전자를 가진 동물들이야. 애들이 얼마나 똑똑한지는 거울만 대봐도 알 수 있어. 고양이나 개는 거울을 앞에 두면 적이 나타난 줄 알고 놀라 신경을 바짝 세우지. 거울에 비친 모습이 자기인 걸 잘 모르더라고.

침팬지 앞에 거울을 가져다주면 어떨까? 거울을 보고 이를 쑤시거나 머리털을 가다듬기도 해. 보노보는 또 어떻고. 보노보가 사는 곳에 놀러 가면 걸어와서 등을 두들겨 줘. 잘 왔다고.

이렇게 지능이 높은 동물도 조금은 물건을 헤아릴 수 있어. 그러나 자유롭게 '수'를 다루고 계산하는 행동은 인간만이 할 수 있지. 와우, 콧대가 좀 높아지는데? 침팬지보다 뛰어나다고 자랑스러워하니 자괴감이 좀 들지만······.

아니야! 부끄러울 필요 없어. 인간도 처음에는 팔을 이용해서 '하나', '둘'까지만 셌을 거야. 팔이 두 개니까. 그다음은? 그래, 팔에 붙어 있는 손가락을 사용했겠지. 손가락이 열 개니까 10까지 셌을 거야. 손가락 모양을 바꿔 가며 더 큰 수도 표현했지만, 기본은 10이었어.

그래, 십진법. 10이 될 때마다 한 자리씩 올리는 기수법이야. 십진법은 오늘날 세계에서 공통으로 사용해. 만일 손가락이 스무 개였다면? 장담하는데 이십진법이 기본이 되었을 거야. 십진법만 쓰면 좋겠지만 세상일이 그렇게 단순하진 않잖아? 시대와 나라에 따라서 자기들만의 방식으로 다양한 진법을 사용했어.

메소포타미아에서는 쐐기 모양으로 수를 나타냈어. 메소포타미아에 속한 바빌로니아 문명에서는 육십진법을 사용했는데, 육십진법이라고 어려울 거 없어. 60마다 숫자가 한 자리 올라가면 돼. 오늘날에도 시간을 말할 때 육십진법을 사용하잖아. 60초가 되면 1분, 60분이 되면 1시간. 그게 육십진법이야.

마야 문명에서는 이십진법을 사용했는데 점이나 막대, 조개, 매

쐐기 문자
(기원전 3천년경)

듭 등으로 수를 표시했어. 중국에서는 특이하게도 기본 숫자 열세 개를 더하고 곱해서 수를 나타내기도 했어.

유럽에서는 십이진법을 주로 사용했어. 연필 한 다스가 열두 개, 1년이 열두 달인 것이 십이진법이야. 지금도 영국에서는 십이진법으로 길이나 무게 등을 나타내.

우리나라를 빼놓을 순 없지! 우리도 십진법과 함께 여러 가지 진법을 사용해 왔어. 예를 들어 오징어 한 축, 북어 한 쾌는 각각 스무 마리씩 묶은 거야. 이십진법이지. 김 한 톳은 김 백 장, 마늘 한 접은 마늘 백 개로 백진법이고.

숫자의 대표 인도-아라비아 숫자

우리가 오늘날까지 활발히 쓰고 있는 숫자 하면 인도-아라비아 숫자를 들 수 있어. 인도-아라비아 숫자가 뭐냐면, '0, 1, 2, 3, 4,……' 다 아는 걸 뭘 입 아프게 얘기하느냐고? 끄응, 맞아. 우리뿐만 아니라 세계 여러 나라 사람이 인도-아라비아 숫자를 사용해. 알아보기 쉽고 쓰기 편하기 때문이지. 숫자의 승리자여!

인도-아라비아 숫자는 인도에서 만들었어. 근데 웬 아라비아? 옛날 세계 이곳저곳을 아주 활발하게 돌아다니며 장사를 하던 아라비아 상인들이 인도 숫자가 아주 편리하다는 사실을 알았어. 그래서 수량을 세고 물건 값을 계산할 때 인도 숫자를 썼지.

인도 하면 뭐가 떠올라? 게임 캐릭터 달심의 요가파이어? 인도 하면 흔히 요가를 떠올리지만 인도는 수학 강국으로도 잘 알려져 있어. 컴퓨터로 프로그래밍하는 코딩도 아주 잘해. 코딩이 수학을 바탕으로 하거든. 코딩은 시작과 끝이 분명하게 수학적으로 완결되어 있지.

그럼 인도는 어떻게 그런 훌륭한 숫자 체계를 발달시켰을까? 인도 숫자는 원래 고대 인도에서 썼던 문자 가운데 하나인 브라흐미 문자에서 시작됐어. 그러다가 기원전 4세기경 이집트와 바빌로니아, 그리스 수학을 접하고 점차 모양이 변했지. 그로부터 1000년 가까이 시간이 흐른 5세기가 되자 인도인은 그리스와 비슷했던 자신들의 숫자 체계를 바빌로니아 식으로 바꿔 버렸어. 단, 바빌로니아에서 사

브라흐미 문자	— = ≡ ϒ ᕁ ᖅ 7 ς ⊃
인도 숫자	𝟣 𝟤 𝟥 𝟦 𝟧 𝟨 𝟩 𝟪 𝟫 0
서아라비아 숫자	1 2 3 ᘔ ५ 6 7 8 9
동아라비아 숫자	1 ۲ ۳ ۴ ۵ ۶ ۷ ۸ ۹ ·
11세기 서유럽	1 ҁ ҁ ʔ ५ 6 ʌ 8 9
15세기 서유럽	1 2 3 ૨ ५ 6 ʌ 8 9 0
16세기 서유럽	1 2 3 4 5 6 7 8 9 0

인도-아라비아 숫자의 변화 과정

용했던 육십진법을 쓰진 않았어. 십진법을 사용했지. 인도에서는 오래전부터 십진법을 사용했거든. 인도인은 고대 문명의 지식과 자신들의 방식을 잘 섞었다고 볼 수 있어.

이렇게 만들어진 인도 숫자가 아라비아 숫자로 알려진 이유는 번역 때문이었어. 인도인은 공용어로 힌디어를 썼는데, 힌디어로 쓰인 책이 아라비아어로 번역되고 그 책이 다시 라틴어로 번역되어 유럽에 알려지는 과정에서 실수가 있었어. 라틴어로 책을 번역한 사람이 아라비아어 책을 원본이라고 쓴 거야.

알 콰리즈미

이런 멍청이! 흠흠, 뭐 일부러 그런 건 아니니까 용서해 줘. 어쨌든 유럽 사람들이 그 책에 나온 숫자를 아라비아 숫자라고 부르기 시작했지. 아라비아 상인이 사용하니까 당연히 아라비아 숫자인 줄 안 것도 있고.

인도-아라비아 숫자를 사용한 최초의 기록은 825년 당대 최고 수학자였던 '알 콰리즈미 780년경–850년경'가 쓴 책에 나와. 숫자를 표현하는 기수법을 영어로 알고리즘Algorism이라고 하는데, 알고리즘이 바로 알 콰리즈미의 이름에서 유래했지.

로마 숫자

12세기에는 지중해를 통한 무역이 활발했어. 그 지중해 한가운데 떡하니 자리 잡고 있는 나라가 있어. 긴 장화처럼 생긴 나라, 바로 이탈리아야.

이탈리아 상인들은 이집트와 시리아 상인들에게서 후추, 계피 같은 향신료를 샀어. 그것들을 유럽으로 가지고 가서 왕실과 귀족에게 비싼 값으로 팔았지. 너도나도 사겠다고 난리도 아니었어. 돈을 많이 벌 수 있으니 상인들은 도시로 모여들었고 돈과 물건이 넘쳤어. 도시 전체가 아주 잘나갔지.

11세기 말에서 13세기 말까지 십자군 전쟁이 여덟 차례나 일어났어. 십자군 전쟁은 유럽 그리스도 교회가 일으켰는데 이슬람교도에게서 예루살렘을 되찾겠다며 벌인 전쟁이지. 자기들 땅도 아니면서 왜 찾는다고 했을까? 그곳은 그리스도교와 유대교, 이슬람교가 탄생한 도시였기 때문에 그 시절 서양 사람들은 예루살렘을 자신들만의 신성한 곳으로 여겼던 거야.

첫 번째 십자군 전쟁은 이슬람교도에게서 예루살렘을 빼앗는 것이 목적이었어. 교황이 자기 권력을 더 강화하려고 일으킨 부분도 있지. 당시 교황은 왕보다도 권력이 강했

이탈리아 주요 도시

십자군 원정대
(1330년경)

어. 예루살렘을 차지해 왕을 계속해서 자기 발아래 두려고 한 거지.

첫 번째 십자군 전쟁은 비교적 성공적이었어. 십자군들은 예루살렘을 정복한 뒤 무수히 많은 사람을 죽이고 재물을 약탈했지. 뒤이은 십자군 전쟁은 그 목적이 달랐어. 겉으로는 숭고한 종교적 이유를 내세웠지만 결국은 돈 때문이었지. 지중해 무역으로 생기는 많은 돈을 차지하기 위해서 말이야. 예나 지금이나 사람은 돈이면 사족을 못 쓰나 봐. 나쁜 목적은 화를 부르는 법. 첫 번째 십자군 전쟁 말고는 모두 실패로 돌아갔어.

어쨌든 경제는 계속 발전했어. 사람과 돈이 넘쳐나자 돈과 물건의 양을 정확히 계산할 수 있는 숫자가 필요했어. 당시 유럽에서는 로마 숫자를 사용했는데 로마 숫자는 막대 모양으로 수를 표시해.

아주 단순하지. 그런데 때가 어느 땐데 작대기로 표시해? 사실 로마 숫자는 오늘날에도 흔히 이용되고 있어. 시계에 시간을 표시하는 곳이나 영화의 순서 표시, 다양한 디자인을 할 때 등등 말이야.

로마 숫자가 멋진 건 인정할게. 하지만 표기하기가 복잡해서 시간이 많이 걸리고 모양도 비슷해서 무척 헷갈려. 한마디로 복잡한 계산은 포기하라 이거지. 때를 놓치지 않고 사용이 편리하고 한눈에 알아보기도 쉬운 인도-아라비아 숫자가 나타났어.

1202년, 이탈리아의 수학자 피보나치가 인도-아라비아 숫자를 유행시키는 일에 결정적인 역할을 했어. 피보나치는《산술교본》혹은《산반서》라고도 불리는 책을 썼는데, 이 책이 발표되면서 0을 포함한 인도-아라비아 숫자가 서양에 널리 퍼질 수 있었어.

I	II	III	IV	V	VI	VII	VIII	IX	X
1	2	3	4	5	6	7	8	9	10

XI	XII	XIII	XIIII	XV	XX	XXV	XXX
11	12	13	14	15	20	25	30

XL	L	LX	LXX	LXXX	XC
40	50	60	70	80	90

C	CC	D	M
100	200	500	1000

로마 숫자

〈산술학의 표상 garita Philosophica〉에 삽입된 목판화
산술학을 형상화한 여성이 주관하여 로마 주판과 인도-아라비아 숫자로 계산 대결을 하는 모습을 그렸다.

피보나치는 외교관이었던 아버지를 따라 알제리에 들른 적이 있어. 그곳에서 만난 아랍인 수학자에게 인도-아라비아 숫자를 배운 거야. 따옹, 이렇게 좋은 숫자가! 눈이 돌아갈 정도였지.

그 뒤로도 피보나치는 이집트와 그리스, 시리아 등 여러 곳을 여행하며 숫자에 관해 연구하고 조사하며《산술교본》이라는 책을 완성했어. 다 돌아다녀 봐도 인도-아라비아 숫자가 최고였어. 《산술 교본》 첫 부분에는 1부터 9까지 아홉 개의 숫자와 0만 있으면 어떤 수라도 표현할 수 있다고 나와. 인도-아라비아 숫자로 계산하는 다양한 방법도 나와 있지. 특히 13세기 서양에서 금지되었던 이자 받는 계산법까지도 알려 주고 있으니 게임 끝났네.

당시 유럽에서는 인구를 조사하고 세금을 걷는 데 셈판을 사용했어. 세금을 계산하던 회계사들은 골치가 아팠어. 금융업자나 상인들도 마찬가지였고. 계산하다가 머리에 쥐가 날 정도였으니까. 하다 보면 틀리고, 하다 보면 헷갈리고. 그들은 인도-아라비아 숫자를 접한 뒤 반해 버렸어. 사랑에 빠졌지! 쉽고 편하고 정확하니까.

이후 나라 간 교역이 활발해지자 사람들의 이동과 물품 거래량도 늘어났고, 거래가 느는 만큼 인도-아라비아 숫자도 널리 쓰이며 퍼져 나갔지. 하지만 모든 일이 좋게 흘러가지만은 않았어. 유럽 전역에 흑사병이라는 커다란 재앙이 닥친 거야.

흑사병은 페스트균 때문에 일어나. 쥐에 붙어사는 쥐벼룩을 통해 전염되거나, 감염된 환자의 침이나 배설물에 의해 옮는 전염병이야. 걸리면 살이 썩어서 검게 변하고 환자들 대부분이 사망에 이르렀기 때문에 '검은 죽음'을 뜻하는 흑사병이라고 불렸어. 하지만

1351년 흑사병 창궐 지역

이제 걱정하지 않아도 돼. 지금은 대부분 사라졌으니까.

흑사병은 몽골 제국 때 시작된 것으로 보고 있어. 몽골 병사들이 말을 타고 이곳저곳으로 빠르게 이동했는데, 그때 균이 옮은 벼룩도 함께 이동하며 퍼진 거야. 근데 왜 몽골 사람은 흑사병 피해를 크게 입지 않았을까? 유목 민족이었던 몽골인들은 좁은 지역에서 밀집해 살지 않아. 넓은 지역 이곳저곳에 흩어져 사는 생활에 익숙하고, 또 오랜 세월 가축과 함께 생활하다 보니 흑사병에 대한 면역력이 강했던 거야. 그래서 몽골군은 흑사병을 그다지 무서워하지도 않았어. 유럽의 성을 공격할 때 흑사병에 걸려 죽은 사람을 이용했을 정도지. 투석기에 돌 대신 흑사병에 걸린 시신을 얹어 성안으로 던지기도 했어. 정말 무시무시하지?

무서운 기세로 영토를 확장하던 몽골군은 유럽을 장악하려다 말고 갑작스레 자기 나라로 돌아갔어. 몽골 최고 지도자인 칸이 죽었거든. 몽골 풍습대로 새로운 칸을 뽑기 위해 고향으로 돌아간 거야. 몽골군이 돌아갔지만 흑사병은 항구를 통해 점점 더 확산되었어. 1348년에는 이탈리아를 덮쳤고 같은 해에 영국까지 넘어갔으며, 그 후 수년 만에 유럽 각지로 퍼졌어. 중동과 유럽, 북부 아프리카에서도 수많은 사람이 죽음에 이르렀지.

14세기 중엽부터 약 300년 동안 흑사병 때문에 유럽 인구 절반에 가까운 사람이 목숨을 잃었어. 단체 생활을 하는 학교나 수도원은

유럽을 휩쓴 흑사병

전염되기 딱 좋았지. 특히 수도원이 위험했어. 학생은 집으로 돌려보내면 되지만 수도원에 사는 수도사들은 갈 곳이 없잖아?

수도원에 살던 사제와 수도사가 흑사병에 때문에 무수히 죽었어. 그와 함께 막강했던 교회 권력도 점차 그 힘을 잃게 돼. 사람이 있어야 권력을 행사하든지 말든지 하지. 일할 사람도 부족할 지경인데 말이야. 더구나 아무리 기도해도 소용이 없으니 신앙심이 줄어드는 것은 당연해.

흑사병이 빠르게 확산된 데는 위생 상태도 한몫했어. 당시 유럽의 위생 상태는 무척 안 좋았어. 거리는 말똥과 사람들이 싸 놓은 오물 천지였지. 심지어 궁궐에도 화장실이 없었다고 해. 귀족들은 숲에 들어가 볼일을 보았어. 오물을 최대한 덜 밟으려고 남자들도 하이힐처럼 뒷굽이 높은 신발을 신었다고 해. 냄새가 심하니 향수도 많이 뿌렸지. 근데 알지? 안 좋은 냄새랑 향수랑 섞이면 더 끔찍한 거…… 아악!

반면 우리나라를 비롯한 동양에서는 주로 오물을 한데 모아 비료로 썼어. 농사에 사용한 거야. 이모작을 하는 곳에서는 보통 오물을 모아 비료로 이용하거든.

유럽은 이모작이 아닌 삼포제로 농사를 지었어. 주인이 하나인 땅을 일단 세 부분으로 나누어. 한곳은 보리나 귀리 같은 여름 곡물을, 다른 곳은 밀이나 호밀 같은 겨울 곡물을, 나머지는 가축을

길렀지. 그러고는 1년에 한 번씩 자리를 바꾼 거야. 가축을 기르던 땅에 곡물을 기르면 되니 굳이 화장실을 따로 만들어 오물을 모을 필요가 없었어. 그러니 사람들이 여기저기 볼일을 봤던 거고.

중세 유럽에서는 과학이나 의학 기술보다 종교에 의존하는 사람들이 많았지만, 신앙심이 있어도 흑사병의 피해를 벗어날 수 없으니 자연히 교회의 권력은 약화되었어. 그러자 과학 기술이 발전하고 위생과 검역에 대한 사회적 시스템이 갖춰지기 시작했지. 흑사병은 유럽 전역에 큰 피해를 입혔지만 아이러니하게도 과학과 문화가 크게 발전하는 르네상스 시대를 맞이하는 원동력이 된 셈이야.

당시 한반도에 흑사병이 창궐하지 않아서 다행이지만 인도-아라비아 숫자가 우리나라에 늦게 전해진 건 좀 아쉬운 일이야. 인도-아라비아 숫자를 우리가 언제부터 사용했는지 정확한 때는 모르지만, 가장 오래된 기록은 1842년 김대건 신부가 쓴 편지야. 그 편지에 인도-아라비아 숫자로 날짜가 적혀 있지.

우리나라가 인도-아라비아 숫자를 공식적으로 처음 사용한 때는 1882년 미국과 맺은 조미 수호 통상 조약 문서에서야. 그 뒤로도 국가 업무에 인도-아라비아 숫자를 사용하면서 우리나라에도 인도-아라비아 숫자가 널리 퍼졌어.

3. 없는 것의 발명

문명을 발전시킨 0의 탄생

없는 걸 어떻게 나타낼까? 있는 것도 나타내기 힘든 판에 없는 것까지 굳이 나타낼 필요가 있을까? 하지만 0의 탄생은 수학을 크게 발전시켰어. 0을 인류가 발명한 위대한 유산이라고 말하는 사람이 있을 정도지.

0은 언제부터 사용했을까? 기원전 300년경, 바빌로니아에서는 빈 자리에 넣는 기호를 사용했어. 단순히 자릿수를 나타내는 기호였기 때문에 요즘 0과는 좀 달라.

고대 그리스인은 '무無', 즉 없음이란 존재하지 않는다고 생각했어. 당시 그리스는 다른 지역보다 학문이 발달했는데, 수학 교과서로 유클리드의《원론》을 사용했어. 유클리드는 기원전 300년경의 그리스 수학자로 기하학의 아버지라고 불려.《원론》도 대부분 기하학에 관한 내용을 담고 있어. 점, 선, 면 등에 관한 23개의 정의가 있지. 이 책

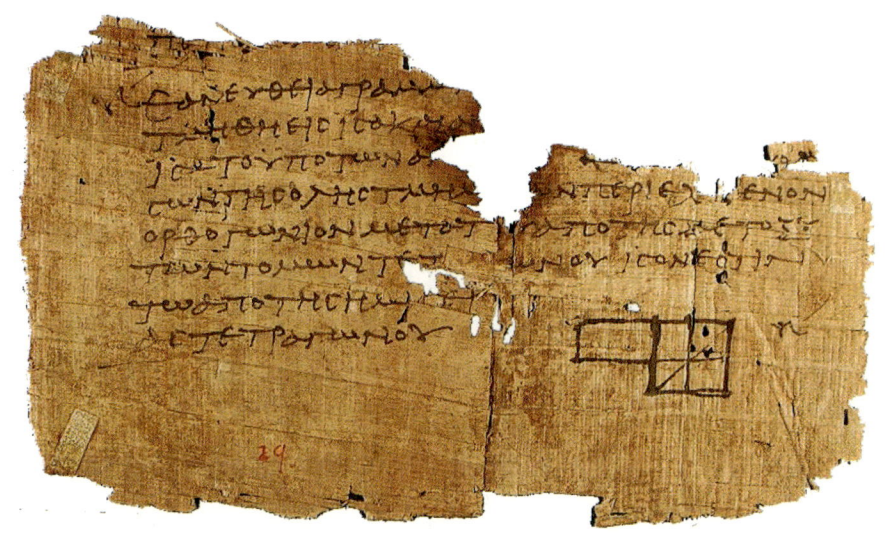

《기하학 원론》의 내용 일부가 담긴 파피루스

은 2000년이 넘도록 기하학 교과서로 쓰였어.

《원론》에서는 어떤 숫자든 1을 여러 개 모아 놓은 것으로 봐. 2는 1을 두 개, 100은 1을 백 개. 숫자에 0은 없었어. 실생활에 있는 것을 표현하는 기하학이기 때문에 0이 없는 것은 당연한지도 몰라. 놀라운 건 0은커녕 1도 숫자로 취급하지 않았다는 거야. 물건이 하나만 있다면 굳이 수를 셀 필요가 없으니 하나를 나타내는 숫자도 중요하지 않다고 여겼지. 하물며 0은 어땠겠어.

고대 그리스의 위대한 철학자 아리스토텔레스_{기원전384년–기원전322년}는 '자연은 진공을 싫어한다'고 주장했어. 진공처럼 아무것도 없는 상태, 없음을 나타내는 0도 인정하지 않았지. 아리스토텔레스의 철학은 신의 존재에 관한 내용이 많아. 그래서 창조론을 믿는 기독교

유클리드

아리스토텔레스

에서는 아리스토텔레스의 사상을 중심으로 삼기도 했어.

아리스토텔레스의 제자 중에 아주 잘나가는 왕이 있었어. 바로 마케도니아의 통치자였던 알렉산더 대왕이야. 알렉산더 대왕은 그리스와 페르시아, 인도에 이르는 광활한 지역을 차지했어. 대제국을 세운 알렉산더 대왕은 스승인 아리스토텔레스의 사상을 이곳저곳에 전파했지.

알렉산더 대왕이 죽은 뒤, 그가 세웠던 대제국은 여러 곳으로 나뉘어졌지만 아리스토텔레스의 사상은 16세기까지 여러 지역에서 큰 영향을 미쳤어. 그런 상황 속에서 0은 더욱 인정받기 어려웠지.

400년경, 아라비아 상인들이 0을 로마에 전파한 일이 있었어. 하지만 당시 로마 교황은 0은 로마 숫자가 아니며, 신이 모든 세상을 창조했다는 교리에도 맞지 않는다는 이유로 0을 써서는 안 된다고 했어. 신이 만든 것들로 가득한 세상 그 어디에도 '없음'이란 건 있을 수 없다고 생각했지. 0에 관한 책을 쓴 어떤 학자는 신을 모독했다는 이유로 손가락을 모두 잘리기까지 했어.

2세기 중엽, 천동설을 주장한 프톨레마이오스라는 천문학자가 있어. 천동설은 지구를 중심으로 우주가 돈다는 가설이야. 지금 우리는 천동설이 사실이 아니라는 걸

알렉산더 대왕

알지만 당시에는 천동설을 믿는 사람이 많았어. 프톨레마이오스는 뛰어난 천문학자였어. 그는 천체를 관측하고 기록할 때 0과 비슷한 역할을 하는 기호를 썼는데, 아마도 바빌로니아인의 영향을 받았던 것 같아. 바빌로니아인은 없음을 나타낼 때 조금 띄어 쓰는 등의 방법을 이용했는데, 그래서 정확히 알아보기가 어려웠어. 프톨레마이오스는 쉼표처럼 확실히 보이는 자릿수를 이용했어. 헷갈리지 않도록 한 거야.

최초로 0을 기록한 인도인

오늘날과 같은 0을 처음 사용한 곳은 인도야. 인도-아라비아 숫자는 당당하게 0을 포함하고 있잖아? 인도는 기원전 326년경 알렉산더 대왕에게 정복당했어. 맞아, 앞에 나온 아리스토텔레스의 제자. 그때 인도인은 바빌로니아의 숫자 체계를 알게 되었어. 바빌로니아인이 사용했던 '아무것도 없음'을 표시하는 자릿수도 포함해서 말이야.

0이 탄생할 수 있었던 결정적인 이유는 바로 종교 때문이었어. 인도인의 우주관은 서양과 달랐어. 인도인은 우주가 지구를 중심으로 돌아간다고 생각하지 않았어. 우주를 무한한 것으로 바라보면서 우주 밖에는 수없이 많은 다른 우주가 존재한다고 생각했지.

고대 인도의 철학에는 '아트만'이라는 것이 있어. 아트만은 끊임없이 변하는 물질적인 것과는 달리 절대 변치 않는 영혼이나 자아 같은 것을 의미해. 원자보다 작으면서 동시에 무한한 우주보다 크고, 우주 어디에나 있지만 동시에 어디에도 없는, 무한함과 없음을 동시에 뜻한다고 해. 인도인들이 주로 믿는 힌두교에서는 '무無(없음)'를 중요하게 생각해. 있음을 중요하게 여기는 아리스토텔레스의 생각과는 반대야. 없는 것, '무'에 큰 의미를 두었기에 인도인은 '0'이라는 개념을 아주 자연스럽게 사용했던 거야.

인류 최초로 사용한 0의 흔적도 인도인이 남겼어. 7세기 인도의 수학자인 브라마굽타 598년-665년경가 남긴 기록에서 최초의 0을 사용한 것을 볼 수 있지. 브라마굽타는 '0'을 없음을 나타내는 자릿수만이 아닌 숫자로 취급한 첫 번째 사람이라고 할 수 있어. 그는 '양수와 0을 더한 값은 양수이다', '0과 0을 더하면 0이다' 같은 0을 하나의 '수'로 다루는 규칙을 정하기도 했어. 지금은 우리가 어릴 때부터 흔히 배우는 내용이지만 당시로서는 위대한 학자가 연구했던 최고의 지식이었지. 또한 그는 《브라마스푸타시단타》라는 천문학 서적을 남겼는데 총 21장 가운데 한 장에서 사칙연산, 제곱근과 거듭제곱에 대한 내용을 담고 있어. 이 책으로 이슬람 세계와 유럽에 인도 수학과 천문학이 전해졌지.

브라마굽타

0은 수학의 발전에 큰 역할을 했어. 이제는 0 없이 수학이나 과학을 할 수 없어. 숫자뿐만 아니라 기하학이나 대수학 등 여러 곳에서 반드시 필요하지. 위치를 나타내는 경도와 위도, 온도, 에너지, 중력 무중력 등등 0은 어디서든 빠지지 않아.

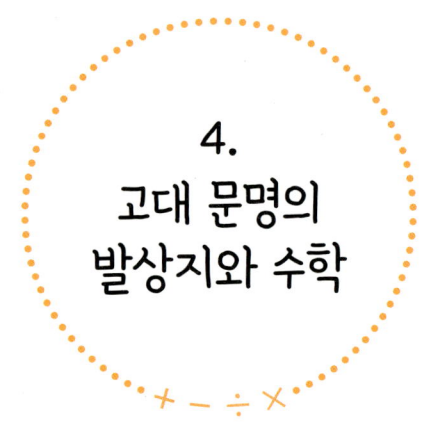

4. 고대 문명의 발상지와 수학

메소포타미아 문명의 수학

4대 문명 발상지에 대해 들어 본 적 있을 거야. 메소포타미아 문명, 이집트 문명, 인도(인더스) 문명, 중국(황허) 문명. 역사 시간도 아닌데 4대 문명 얘기는 왜 꺼내느냐고? 이제부터 이들 문명의 발상지에서 수학이 발달했다는 이야기를 하려고 해.

그 전에 뚱딴지 같은 질문 하나. 수학이 어떤 모양으로 생겼는지 생각해 본 적 있니? 수식? 표? 도형? 아, 수학 괴물? 그래, 그런 책 속 괴물밖에는 없지. 수학은 일정한 모양을 갖추고 있지 않아. 수학은 사람들 생각 속에 존재하는 고도의 추상적 지식이야. 여기서 추상이란, 사물이나 개념에서 공통되는 속성이나 특성들을 파악할 수 있는 걸 말해. 인간은 다른 동물과 달리 이런 추상적 지식을 발전시켜 왔어. 문명이 발달해서 사람들의 생각이 깊어지면? 맞아, 수학도 더욱 더 발전하겠지?

고대 문명 가운데 하나인 메소포타미아 문명은 바빌로니아 문명, 아시리아 문명을 포함해. 이 지역은 오늘날 이라크를 중심으로 시리아의 북동부, 이란의 남서부가 위치한 곳이야. 그중 바빌로니아 문명이 포인트야! 수학 이야기가 나올 때 빠지지 않거든. 바빌로니아 문명은 지금의 이라크 지역인데 이곳에서 수학이 본격적으로 발달했어.

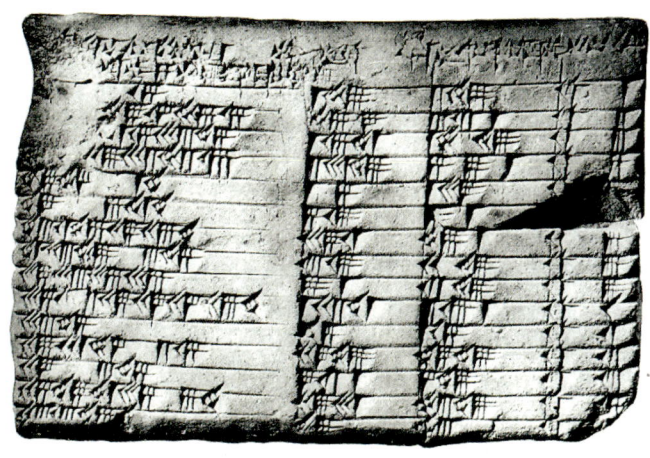

바빌로니아 수학 점토판

문명이 슬슬 생겨나던 때라 아직 종이가 발명되기 전이었어. 그런데 수학을 본격적으로 하려면 뭘 적든지 해야 하잖아. 그래서 바빌로니아인은 점토판에 기호를 새겨 기록했어. 점토판은 무겁지만 튼튼하고 오래 보관할 수 있어. 가볍고 튼튼하면 좋겠다만 무겁고 약한 것보단 낫지.

바빌로니아인이 만든 점토판은 매우 튼튼해서 수천 년이 지난 지금까지도 꽤 여러 개가 남아 있어. 그 점토판을 보면 당시 수학이 어땠는지도 엿볼 수 있지. 어떤 점토판에는 다른 사람에게 빌린 곡식의 양과, 때가 되면 곡식을 갚는다는 내용이 새겨져 있어. 점토판 주인에게도 곡식을 나누어 준다는 기록도 있고. 역시 예나 지금이나 공짜로 해 주는 건 없어. 나도 요즘 조심하는 중이야. 공짜 좋아하다 대머리 될까 봐. 흠흠, 중요한 것은 수량을 기록하는 일이 그 오랜 옛날에도 상당히 중요했다는 점이지.

그런데 말이야, 왜 바빌로니아에서 수학이 특히 발달했을까? 바빌로니아는 동양과 서양의 길목에 위치해 있어서 교류가 활발했어. 상인이 많이 오가며 물건을 사고파는 일이 잦았겠지. 그러다 보니 물건 값이나 물건의 양을 계산할 때 필요한 수학이 발달했어. 예를 들자면 방정식, 제곱근, 이자 계산할 때 필요한 등비수열 같은 것들 말이야.

하지만 기하학은 그다지 발달하지 못했어. 커다란 건축물을 지을 필요가 없으니까. 잠깐, 그럼 뭔가 큰 건축물을 많이 짓는 곳에서는 기하학이 발달했겠네? 그래! 다음에 나올 이집트가 대표적이지. 아, 피라미드가 떠오른다…….

이집트 문명의 수학 쐐기 문자를 새긴 점토판이 바빌로니아에 있었다면, 이집트에는 파피루스가 있었어. 파피루스는 이집트 나일강 주변에서 자라는 식물이야. 일단 파피루스 줄기의 껍질을 벗기거나 얇게 잘라서 모은 다음 그걸 강하게 두드린 뒤 말리면 종이처럼 돼. 종이를 뜻하는 영어 '페이퍼Paper'도 '파피루스Papyrus'라는 말에서 유래했어.

 이집트 사람들은 자신들의 파피루스가 인류 최초의 종이라고 말해. 저기 중국이 손을 드네. 채윤?-121년이 만든 종이야말로 인류 최초의 종이라고? 뭐 채윤이 발명했다는 종이가 오늘날 우리가 가장 많이 쓰는 종이에 가깝긴 하지만…… 흠흠, 우선 이 장에서는 파피루스 이야기를 해 보자고.

 이집트인은 파피루스에 상형 문자를 새겨 넣었어. 갈대로 만든

파피루스
사초과의 여러해살이풀로 나일강과 팔레스타인, 이집트 등에 분포한다. 8-9세기에 파피루스 줄기 섬유로 종이를 만들어 사용했다.

펜을 이용했지. 파피루스는 얇고 가벼워서 다루기 쉽지만 약해서 오래가지 못해. 점토판이랑은 반대였지. 지금까지 전해지는 파피루스도 '린드 파피루스'와 '모스크바 파피루스' 등 몇 개 되지 않아.

린드 파피루스는 기원전 1650년경 이집트 왕실 서기관이었던 아메스가 남긴 기록인데, '아메스 파피루스'라고도 불러. 1800년대 스코틀랜드의 수집가 린드가 이 파피루스를 이집트에서 구입해 대영박물관에 전시했는데 린드의 이름을 따서 '린드 파피루스'라고 부르게 되었지. 린드 파피루스는 폭이 32센티미터이고 길이는 5미터가 넘어. 린드 파피루스에는 '이 책은 존재하는 모든 것, 숨은 신비를 밝혀내는 지식을 베푼다'라고 적혀 있어. 뭔가 대단한 비밀을 품은 것처럼 느껴지지?

고대 이집트인들은 몸이 죽은 뒤에도 영혼은 계속 산다고 믿었어. 죽음 이후의 세상에 대해 무척 관심이 많았지. 당시 이집트를 다스렸던 파라오는 막강한 권력으로 뭐든 마음대로 할 수 있었어.

파라오들은 죽은 뒤에도 여전히 권력을 휘두르며 살고 싶었을 거야. 그래서 자기 영혼이 살 수 있는 거대한 집을 짓도록 했지. 말이 좋아서 영혼의 집이지, 한마디로 무덤이야. 그 무덤이 바로 피라미드지.

피라미드가 엄청나게 큰 것 알지? 피라미드 같은 거대한 건축물은 대충대충 적당히 짓다가는 무너져 버리기 십상이야. 건물을 안

모스크바 파피루스(기원전 1850년경)

린드 파피루스(기원전 1650년경)

정교 있게 튼튼히 지으려면 무엇이 필요할까? 바로 수학의 힘이 필요해. 그중에서도 선과 도형을 이용하는 기하학이 이집트에서 특히 발달하게 된 거야.

기하학이 발달한 또 다른 이유가 있어. 바로 이집트 나일강이 주기적으로 범람했기 때문이야. 나일강은 매년 때가 되면 홍수가 났는데, 큰물이 한 번 휩쓸고 지난 뒤에 땅 모양이 크게 바뀌었어. 그럼 물이 빠진 뒤 어느 곳이 누구 땅인지 구분해야 하잖아? 그래서 토지를 측량하는 기술도 발달할 수밖에 없었어.

이집트인들은 계산과 관련한 수학도 무척 잘했어. 생각해 봐. 거대한 피라미드를 지으려면 엄청난 수의 일꾼이 필요하지 않겠어?

피라미드

안 그래도 힘든 일을 시키는데 밥이라도 굶기면 폭동이 날지도 모르잖아. 그래서 일하는 사람들에게 빵과 맥주를 공평하게 나눠 주어야 했는데, 워낙 양이 많다 보니 계산을 쉽고 빠르게 할 수 있는 수학이 필요했던 거야.

얼마 전까지는 사람들을 강제로 데려다가 피라미드를 짓도록 했다는 가설이 많았지만 최근에는 피라미드를 짓도록 해서 사람들에게 일자리를 제공해 먹고 사는 데 도움이 되도록 했다는 견해도 있어. 오, 파라오가 조금은 멋져 보이는데?

수학의 전파

기원전 400년경, 고대 그리스인은 수학에 관심이 많았어. 그 시기 가장 위대했던 수학자들은 이집트와 알렉산드리아에 있었지. 그런 그리스 문명이 서서히 막을 내리면서 서양 수학은 한동안 발전을 멈추었어. 750년경, 중동 이슬람 문화권 학자들이 그리스와 인도 수학자들의 연구에 자신들의 연구를 더해 새로운 수학으로 발전시켰지. 그 성과는 11세기 말부터 아랍과 그리스 책이 라틴어로 번역되면서 유럽으로 전해졌어. 1442년, 구텐베르크가 활판 인쇄술을 발명한 뒤 인도-아라비아 숫자가 서양에 빠르게 퍼져 나가는 듯했지만 중세 유럽에서는 수학이 크게 성장하지 못했어. 흑사병 때문에 수많은 사람이 사망해서 수학에 신경 쓸 겨를도 없었던 거야. 16세기가 지나서야 유럽에서는 수학이 발전할 수 있었어. 인쇄술이 널리 보급되면서 수학을 비롯한 학문이 유럽 전역으로 빠르게 퍼져 나갔지. 수학은 다른 나라에서도 독자적으로 발달했어. 중국에서도 수천 년 동안 독립적인 수학 있었고, 중앙아메리카에서도 고유의 수학 체계가 존재했어. 전 세계에서 통용되는 수학을 사용한 것은 얼마 되지 않은 일이야.

5. 시간을 설계하는 달력

양력과 음력

앗, SNS에 생일이라고 뜨네? 축하, 축하! 축하해 줬더니 생일이 음력이라네. 요새는 양력을 많이 사용해서 이런 일이 별로 없지? 양력이니 음력이니 왜 따로 있어서 사람 헷갈리게 하는지, 원.

하늘에 떠 있는 해나 달, 별들 보이지? 우주에 떠 있는 태양과 달 같은 항성과 행성, 위성, 혜성 등을 천체라고 해. 옛날 사람들은 천체가 변하는 모습을 보고 날짜를 정했는데, 이런 걸 '역법'이라고 하지. 역법에는 태양력과 태음력이 있어. 보통 양력, 음력이라고 해. 양력은 해를, 음력은 달을 보고 날짜를 따져. 달력도 만들고 말이야.

요즘은 기본적으로 양력을 많이 사용해. 달력에 쓰인 큰 글자가 양력이야. 그 아래 조그만 숫자로 띄엄띄엄 적힌 게 음력이고. 사용하기 쉬워서 양력을 주로 쓰지만 사실 양력보다 음력이 더 정확해. 고대의 사람들은 달이 변하는 모양을 보고 달력을 만들었어. 태양은 모양이 변하지 않고 너무 눈부시게 밝아서 맨눈으로 보기가 어려워. 달은 보기도 편하고 모양도 일정하게 변해서 관찰하기 좋아.

달이 지구를 한 바퀴 도는 시간이 음력으로 한 달이야. 음력은 29일을 주기로 하는 작은달과 30일로 이루어진 큰달이 있어. 1년이 열두 달인 것은 양력과 같아. 지구가 태양을 한 바퀴 도는 시간이 양력으로 1년이야. 양력에서는 1년을 365일로 정해. 음력은 한 달씩 날짜를 정하기 때문에 1년을 기본으로 하는 양력보다 정확하지.

고대 수메르인과 바빌로니아인, 그리스인, 유대인, 중국인들까지 다양한 민족이 음력을 사용했고 우리 조상들도 음력인 태음력을 사용했어. 양력을 몰랐거나 음력이 양력보다 정확해서 그런 것만은 아니야. 바빌로니아에서는 농사지을 때 사용하면 좋은 양력이 있었어. 그런데도 음력을 사용했지. 왜? 종교와 정치 때문이야.

고대 바빌로니아에서 바알Baal은 달을 상징하고 농사를 주관하는 신이야. 그 시절 그쪽 동네에서 가장 잘나가는 신이었다고 보면 돼. 그래서 바빌로니아인은 음력을 써야 달의 신인 바알이 축복을 내려 풍년이 든다고 믿었어.

그보다 더 큰 이유! 나라에서 음력을 쓰라고 시켰어. 양력으로 1년은 365일인데 음력으로 1년은 354일이야. 11일이나 차이가 나는데 이게 3년이 지나면 한 달이나 차이가 벌어지잖아. 그럼 매달 걷는 세금을 3년마다 한 번씩 더 걷을 수 있었던 거야.

이집트에서는 기원전 6000년경부터 양력을 사용했어. 태양의 높이 변화가 365일에 가깝고, 4년마다 하루를 더 해야 더 정확하다는 것도 알았지. 이집트에서 양력을 사용한 이유는 바로 태양신을 숭배했기 때문이야. 또 다른 이유도 있어. 이집트 나일강이 일정한 시기만 되면 넘쳤기 때문이야. 피라미드 이야기할 때 잠깐 나왔지? 여름이 되면 에티오피아 고산 지대에 쌓인 눈이 녹고 계절풍 장마까지 겹쳐서 많은 물이 나일강으로 흘러들어 매년 홍수가 났어. 강물을 타고 흘러간 진흙이 나일강 삼각주에 쌓이면 그곳 토지가 아주 비옥해졌지. 아하! 농부들은 이때다, 하고 씨를 뿌렸어. 그렇게 주기적으로 홍수가 반복되자 이집트인들은 다음 홍수가 일어나 물이 찰 때까지 365일쯤 걸린다는 사실을 알게 된 거야.

바알신상

이집트인은 한 달을 30일씩, 열두 달을 1년으로 정했어. 360일이지? 그리고 남는 5일 동안은 축제를 열고 제사를 지냈어. 원의 각도가 360도인 것을 알고 있니? 으응. 뻔히 아는 걸 또 물어봤구나.

원의 각도가 360도인 것도 기하학이 발달했던 이집트에서 정한 것으로 봐. 360일과 같은 거지.

이집트인이 사용했던 달력은 뒤에 나올 로마 달력에도 영향을 끼쳤어. 거대한 제국을 세운 로마니까, 그만큼 달력 만드는 기술도 뛰어났겠지?

율리우스력

기원전 48년, 로마에서 막강한 권력을 차지하기 위한 내분이 일어났어. 율리우스 카이사르와 폼페이우스가 그 주인공이야. 폼페이우스는 카이사르보다 병사도 많았고 로마 귀족들의 지지까지 받고 있었지만 카이사르에게 패배하고 말았어.

이집트로 도망친 폼페이우스는 이집트 왕이었던 프톨레마이오스 13세에게 도움을 청했어. "병사 좀 빌려 줘. 내가 이기면 나중에 잘 해 줄게" 뭐, 이랬겠지. 카이사르는 폼페이우스를 잡기 위해 군대를 이끌고 이집트의 알렉산드리아로 갔어. 카이사르가 이집트에 도착하자 프톨레마이오스 13세가 찾아왔어. 그의 손에는 폼페이우스의 목이 들려 있었지. 아악!

프톨레마이오스 13세가 카이사르에게 잘 보이려고 폼페이우스를 죽인 거야. 사실 승부는 거의 결정났으니까. 프톨레마이오스 13세는 내심 기대하며 카이사르의 칭찬을 기다렸겠지? 상금은 얼마나 주려나? 만면에 미소를 머금으며 카이사르를 봤는데, 이게 웬일?

카이사르는 폼페이우스의 머리를 보며 눈물을 흘렸어. 맞수였던 폼페이우스가 전투에서 장렬하게 죽지 못하고 비참하게 암살당한 것에 분노한 거야. 카이사르는 프톨레마이오스 13세가 비겁한 행동을 했다는 이유로 이집트의 알렉산드리아를 점령해 버렸지. 이 상황을 보며 옳다구나 손뼉을 친 인물이 있었으니, 바로 미인으로 유명한 클레오파트라 7세야.

카이사르

클레오파트라 7세는 프톨레마이오스 13세의 누나이자 부인이었어. 뭐 이런 캥거루 집안이 다 있나 싶겠지만 당시 이집트 왕족은 친족끼리 결혼이 가능했거든. 왕의 혈통에 다른 피가 섞여서는 안 된다는 이유였지.

클레오파트라 7세는 프톨레마이오스 13세보다 다섯 살이 많았어. 결혼 전에 클레오파트라가 직접 권력을 잡으려고 했지만 실패해서 왕비가 되었지. 여전히 왕이 되고 싶었던 클레오파트라 7세는 기회를 놓치지 않았어. 자신의 아름다움으로 카이사르의 마음을 사로잡았지.

클레오파트라 7세

카이사르가 클레오파트라 7세를 이집트 왕으로 세우자, 프톨레마이오스 13세는 화가 나서 카이사르를 죽이려 했어. 하지만 실패하고 자기가 오히려 죽임을 당하고 말았지.

정적을 없애고 절대적인 권력을 손에 쥔 카이사르의 위세가 얼마나 대단했던지, 후대까지도 유럽 지역에 그 흔적이 남아 있어. '황제'라는 뜻의 독일어 '카이저Kaiser', 슬라브계 국가에서 '왕'을 뜻하는 말 '차르Czar'가 카이사르의 성에서 따온 거야. 로마 공화정 말기 최고의 정치가였던 카이사르는 본인이 직접 황제에 오른 건 아니었지만, 황제보다 더 막강한 권력을 지녔던 거야.

달력에 관해 이야기하려다가 여기까지 왔네. 카이사르가 달력의 발전에 한몫했으니까 이해해. 로마로 돌아간 카이사르는 밀렸던 일들을 처리했는데, 달력을 제대로 만드는 일에 특히 신경을 썼지. 고대에는 하늘의 태양과 달, 별의 움직임을 살펴 시간을 예측하는 일, 즉 달력을 제작하는 일이 국가를 통치할 때 아주 중요한 작업이었어. 권력이 하늘의 질서를 따르는 모양새를 취해 백성들의 삶을 합리적인 방식으로 통제하기 위해서였지. 또 시간을 일정하게 정해 놓으면 세금을 걷을 때도 아주 유용했어. 물론 농사를 지을 때 파종 시기를 맞추는 등 백성들의 삶에 큰 도움이 되기도 했지만 말이야.

어쨌든 당시 로마는 전쟁을 치르는 동안 윤달을 넣지 못해 날짜가 어긋난 상황이었어. 윤달은 로마 제사장들, 특히 최고 제사장이 마음대로 정할 수 있었어. 때가 되면 윤달을 넣으면 되지 뭐가 어려워? 하지만 여기에도 정치적인 문제가 좀 복잡하게 얽혀 있었어. 윤달을 넣느냐 넣지 않느냐에 따라 관리의 임기 문제가 달려 있었거든. 권력자들은 조금이라도 더 오래 힘을 누리고 싶어 하니 아주 민감한 문제였어.

그런데 당시 로마 최고 제사장인 대제관은 바로 카이사르였어. 기원전 46년, 카이사르는 이집트의 발달한 기술을 가져다가 정확한 달력을 만들라고 지시했어. 그러면서 그동안 빼먹은 윤달을 모두 넣도록 명령했지. 놀라지 마! 그해는 1년이 무려 445일이나 되었어. 로마 역사상 가장 긴 1년이었지. 윤달 문제를 해결한 카이사르는 옛 달력을 사용하지 못하도록 했어. 대신 이집트 알렉산드리아에서 최고의 천문학자 소시게네스를 데려와 새로운 달력을 만들도록 했지. 바로 율리우스력이야.

그때까지 로마에서는 '누마력'을 사용하고 있었어. 기원전 700년 경 로마 황제였던 누마 폼필리우스가 정한 달력이지. 누마력은 1년이 12달, 355일이었어. 카이사르는 누마력을 수정해서 새 달력을 만들도록 한 거야.

　우선 1년을 365일로 정했어. 현재 우리가 쓰는 일수와 같지? 거기에 4년마다 한 번씩 2월을 윤달로 정했어. 355일에서 365일이 됐잖아? 늘어난 열흘은 열두 달 안에 나누어 넣었어. 오늘날처럼 한 달을 30일과 31일로 만든 거야.

　카이사르는 자신이 한 일을 스스로 치켜세우고 싶었어. 율리우스력에서 자기가 태어난 7월을 자기 이름인 율리우스로 정했지. 사람들이 영원히 자신을 기억하도록 말이야. 지금도 7월을 영어로 '줄라이July'라고 해. '율리우스 카이사르'를 영어식으로 발음하면 '줄리어스 시저'거든. 예수도 그리스어(희랍어, 헬라어)로는 첫 글자가 'I'지만, 영어에서는 'J'로 쓰여서 '지저스Jesus'로 발음해. 카이사르 뒤를 이어 로마를 다스렸던 '아우구스투스Augustus'도 자신이 태어난 8월을 자기 이름으로 정했어. 8월은 영어로 '어거스트August'야.

　율리우스력은 정확했지만 작은 문제가 있어. 4년에 한 번씩 윤달을 넣는데 이를 1년으로 치면 365.25일이거든. 오늘날의 정확한 달력보다 약 11분 14초가 더 길어. 기간이 짧을 때는 문제가 드러나지 않지만, 128년이 지나면 11분 14초가 모여 하루가 되어 버리잖아. 천 년이 지났을 땐 어떻게 되었을까? 16세기 르네상스에 이르자 율리우스력은 무려 열흘이나 틀리게 되어 버렸어.

그레고리력

새로운 달력이 필요했어. 1582년, 교황 그레고리오 13세가 새로운 달력을 만들기로 했어. 당시는 우주의 중심이 지구이고 모든 천체가 지구를 중심으로 돈다는 천동설을 믿던 때야. 사람들이 정말 믿고 싶어서 그런 건 아니고 교회의 교리에 맞추다 보니 어쩔 수 없었어.

1543년 코페르니쿠스는 《천구의 회전에 관하여》라는 책에서 천동설이 틀렸음을 밝혔어. 지구가 돈다는 사실과 정확한 천체의 움직임을 제시한 거지. 성직자들은 코페르니쿠스가 주장한 지동설을 신성 모독으로 여겼어. 자기들 밥줄이 끊길까 봐 두려웠던 거야.

다행인지 불행인지 코페르니쿠스는 자기 책이 나올 때쯤 죽었어. 교회에서 내리는 벌을 받지 않았지. 코페르니쿠스의 책에 나온 천체의 움직임에 관한 설명은 상당히 정확해. 놀랍게도 그레고리우스 13세는 그 책을 바탕으로 달력을 만들었어. 진실의 승리! 그 달력이 바로 지금도 우리가 사용하는 달력, '그레고리력'이야.

그레고리오 13세는 1582년 10월 4일의 다음 날을 10월 15일로 정했어. 천 년이 넘는 동안 율리우스력을 사용하며 생긴 열흘을 바로 잡

그레고리오 13세

았지. 존재하지 않는 열흘을 없앤 거야.

128년마다 생기는 하루를 없애기도 했어. 100의 배수인 해에는 윤년이 없도록 한 거야. 단 400의 배수인 해만은 그대로 윤년으로 두었고. 지구의 공전 주기와 완전히 일치하는 달력을 만드는 데 성공한 거지. 우리나라도 1895년부터 그레고리력을 사용하고 있어.

위대한 수학자 이야기

탈레스

기원전624년-기원전546년

고대 그리스 시대에 일곱 현인으로 불렸던 사람 중에 탈레스가 있어. 탈레스는 철학자이자 수학자이며 동시에 천문학자였어. 아휴, 많이도 연구했네. 지금은 공부에 관한 종류가 다양해. 수학, 문학, 심리, 경제, 건축, 미술, 음악, 체육, 컴퓨터, 헉헉. 말하기도 벅차. 하지만 탈레스가 살던 옛날에는 한 사람이 여러 분야를 통합적으로 연구한 경우가 많았어.

탈레스는 특히 기하학 발전에 많은 역할을 했어. 선과 면, 도형 등등. 이집트에서 처음 기하학이 발달했지만, 학문으로 체계화시킨 건 그리스 수학자들이었어. 그중 첫 번째 역할을 탈레스가 했지. 그는 도형에서 가장 중요한 성질 다섯 가지를 밝혔어. 바로 '탈레스의 정리'야.

그리스 7현인
정치적 혼란을 겪던 시기, 후세대 사람들이 정치적·사회적으로 탁월한 업적을 쌓은 일곱 사람을 골라 이상적 인물로 꼽았다. 탈레스, 솔론, 킬론, 페리안드로스, 클레오브로스, 비아스, 피타코스로 이들은 모두 기원전7~6세기 동시대인들이다.

탈레스의 정리

① 원은 지름으로 이등분 한다.
② 이등변 삼각형 두 밑각의 크기는 같다.
③ 두 직선이 만나서 생긴 맞꼭지각의 크기는 같다.
④ 원주 위의 한 점과 지름의 양 끝점을 잇는 선분으로 이루어지는 각은 직각이다.
⑤ 한 변의 길이와 그 변의 양 끝각의 크기가 같을 때, 두 삼각형은 합동이다.

탈레스는 수학을 이용해서 피라미드의 높이가 얼마인지 계산해 내기도 했어. 탈레스의 명성을 들은 이집트 왕이 탈레스를 불러 피라미드가 얼마나 높은지를 물었어. 까짓 거 쉽지! 탈레스는 낮에 막대 하나를 들고 피라미드 옆으로 갔어. 막대를 세우고 그림자를 봤지. 막대와 막대의 그림자 길이가 같을 때! 그때를 놓치지 않았어. 그 시간 피라미드도 피라미드의 그림자와 같은 길이라는 사실을 안 거야. 잽싸게 피라미드 그림자 길이만 재면 끝. 이집트인은 박수를 보냈을 거야.

탈레스는 이솝 우화에도 등장해. 그 왜 소금 나르는 당나귀 있잖아. 물가에서 넘어져 소금을 다 흘려보내고, 짐이 가벼워지니까 다음부터 계속 넘어진 당나귀 말이야. 주인이 소금 대신 솜을 넣었더니 다시 넘어졌을 때는 물 먹은 솜 때문에 당나귀가 엄청나게 고생했지. 그 당나귀 주인이 탈레스였다고 해.

탈레스에 관한 또 다른 신비로운 이야기도 전해져. 메디아와 리디아가 한창 전쟁 중일 때였어. 탈레스는 어느 날 한낮에 빛이 사라지고 전쟁이 끝날 거라고 예언했어. 두 나라가 한참 싸우는데, 탈레스가 말한 일이 정말 일어났지 뭐야. 해가 떠 있는데도 날이 어두워졌어. 사람들은 신이 화가 났다고 생각해서 전쟁을 멈췄지. 탈레스가 점도 쳤나? 사실 탈레스는 수학을 바탕으로 한 천문학 지식도 높았어. 지구가 둥근 것, 1년이 365와 4분의 1일이라는 사실까지 알았지. 탈레스는 기원전 585년에 일식이 일어날 것을 정확하게 예측하고 전쟁을 멈추기 위해 꾀를 낸 거야.

이런 일화도 있어. 어느 날 탈레스가 별을 올려다보면서 길을 걷고 있는데, 하늘만 보느라 그만 땅에 있는 웅덩이를 보지 못하고 빠지고 말았어. 지나가던 사람이 흠뻑 젖은 탈레스의 꼴을 보면서, 눈앞의 일도 보지 못하면서 하늘의 일을 알려고 한다며 비웃었어. 뭐, 그 사람이 한 말도 맞을 수 있지. 누구나 당장 코앞에 닥친 일이 중요하니까. 하지만 탈레스처럼 다른 이들이 보지 못한 먼 곳을 바라보며 끊임없이 탐구한 사람이 없었다면 인류 문명이 이렇게 발전할 수 있었을까?

탈레스

위대한 수학자 이야기

피타고라스

기원전580년-기원전500년

피타고라스. 수학 시간에 자주 나오는 이름이야. 기원전 580년 무렵 그리스 남동부에 있는 사모스 섬에서 태어난 피타고라스는 수학을 학문으로 연구하기 시작한 대표적 인물이야. 피타고라스는 50세 무렵 이탈리아에 학교를 세웠는데 그 학교는 마치

아테네 학당
그림 하단 왼쪽 구석에서 책을 들고 뭔가를 기록하는 이가 피타고라스이다.

종교 집단과도 비슷했어. 나를 따르라! 학교에는 강의를 들으러 오는 사람도 있고, 아예 사는 사람도 있었어. 숙박비는 냈으려나?

수백 명의 제자가 피타고라스를 따랐는데, 후대인들은 피타고라스가 남긴 수학적 업적을 그가 제자들과 함께 연구한 것으로 보기도 해. 피타고라스라는 이름 자체가 하나의 공동체이자 학파였거든.

피타고라스는 수 하나하나에 의미를 두었어. 특히 10을 완전한 수로 신성하게 여겼지. 지구, 태양, 달 등을 포함한 열 개의 천체가 존재한다고 생각했거든. 거기에 1은 이성, 2는 여성, 3은 남성, 4는 정의, 7은 행운이라는 식으로 정의했어.

피타고라스는 음악에도 관심이 많았어. 어느 날 피타고라스가 대장간 옆을 지나고 있었는데 그의 귀에 연장 두드리는 소리가 들리는 거야. 조금씩 다르지만 어울리게 들리는 연장 소리를 듣고 피타고라스는 연장 크기에 따라 음이 다르다는 사실을 알아냈어. 나아가 줄의 길이에 따라 소리의 높낮이가 다른 것까지.

음을 연구하는 피타고라스

위대한 수학자 이야기

아이작 뉴턴

1643년-1727년

중력의 법칙을 발견한 아이작 뉴턴은 1643년 영국에서 태어났어. 뉴턴의 아버지는 농부였는데 안타깝게도 뉴턴이 태어나기 석 달 전 사망하고, 뉴턴은 열 달을 채우지 못한 채 미숙아로 태어났어. 가족들은 뉴턴이 오래 살지 못할 것으로 생각했지만 뉴턴은 기적처럼 건강해졌지.

뉴턴은 어릴 때부터 특이한 것들을 만들곤 해서 사람들은 그를 작은 마술사라고 불렀어. 그는 어떤 일에 너무 집중하느라 다른 일들을 종종 잊어서 유명한 일화들이 많아. 한번은 달걀을 삶으려고 물을 끓이다가 달걀 대신 시계를 넣기도 하고, 어떤 일을 생각하다가 바지를 안 입고 밖으로 나간 일도 있었다고 해. 말에 고삐를 채우

아이작 뉴턴

지 않고 타서 그대로 언덕을 올라갔다가 말갈기를 잡고 내려왔다나 뭐라나. 정말 엉뚱하지?

뉴턴은 22세 때부터 수학과 과학에 관심을 가지고 수학의 미적분과 과학의 역학을 동시에 연구했어. 그러던 중 흑사병이 퍼져서 고향 집으로 가서 지내야 했는데, 창밖을 보던 뉴턴은 나무에서 사과가 떨어지는 모습을 보고 만유인력의 법칙을 깨달았다고 해.

그 뒤로도 연구를 계속하던 뉴턴은 1687년에 《자연 철학의 수학적 원리(프린키피아)》를 발표했어. 이 책은 지금까지도 반드시 읽어야 할 과학 고전으로 손꼽혀. 뉴턴은 수학, 과학 등 다양한 분야에서 큰 업적을 남긴 위대한 분이지!

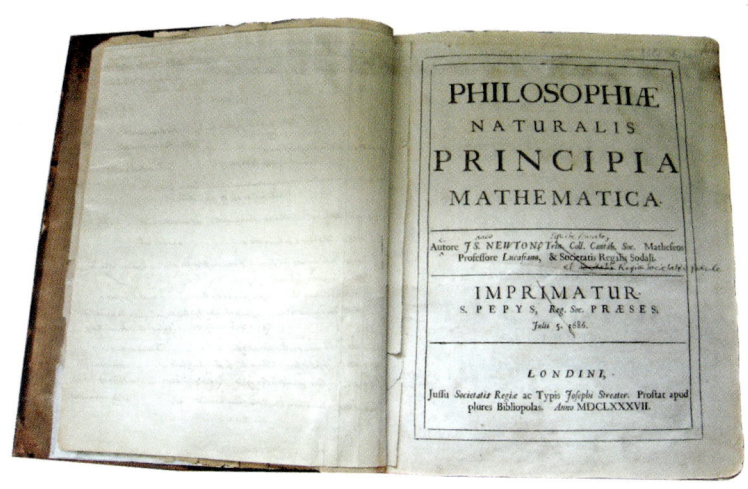

《자연 철학의 수학적 원리(프린키피아)》

2
한반도의 산학을 말하다

1. 고대의 산학

　고인돌은 말 그대로 '고인' 돌이라는 뜻이야. '고이다'라는 말은 기울어지거나 쓰러지지 않도록 아래를 받쳐 안정시킨다는 의미지. 선사 시대의 무덤으로 알려진 고인돌은 주로 커다란 돌 두 개 위에 넓적하고 아주 큰 돌을 얹는 방식으로 제작돼. 고인돌은 전 세계에서 발견되고 있지만 우리나라에 특히 많아. 그도 그럴 것이 전 세계 고인돌 가운데 약 50-60퍼센트가 우리나라에 있어. 개수도 무려 4만여 개나 되지.

　그런데 고인돌이 수학과 무슨 상관일까? 고인돌 모양을 봐야 해. 고인돌은 보통 돌 두 개를 기둥으로 세운 다음 그 위에 아주 큰 돌을 덮어. 덮는 데 이용하는 이 커다란 덮개돌, 이게 중요해.

　덮개돌은 아주아주 무거워. 어떤 덮개돌은 무게가 80톤이나 나가기도 해. 이 정도라면 많은 사람이 무작정 달려들어도 들 수 없어. 인력과 힘을 어떻게 효율적으로 잘 써서 저 큰 돌을 옮길지 방법을 고민해 봐야 해.

바로 그럴 때 수학적 지식이 아주 요긴하게 쓰일 수 있지! 그런데 안타깝게도 너무 오래전이라, 사람들이 어떤 방법으로 받침돌과 덮개돌을 옮겼는지 그 구체적인 방법은 전해지지 않아.

우리가 현재 배우는 수학은 대부분 17-18세기쯤 유럽에서 정리한 내용을 바탕으로 해. 기호도 그리스 문자나 로마자에 쓰이는 알파벳을 사용하지. 하지만 서양 못지않게 동양의 수학 전통도 오래되었어. 근세까지만 해도 동아시아의 수학이 서양보다 훨씬 앞서 있을 정도였지. 하지만 대부분의 수학사 책에서 동양이나 우리나라

강화도 고인돌

수학 이야기는 찾아보기 어려워.

그럼 우리나라에서는 수를 어떻게 나타냈을까? 처음에는 칼로 자국을 내거나 끈을 이용했고 중국에서 한자가 들어온 뒤로는 한자 숫자를 썼어. 수학 지식을 활용한 기록은 삼국 시대 것부터 남아 있지. 《삼국사기》의 기록에 따르면 251년에 신라 12대 왕이 계산을 잘하는 '부도'라는 사람에게 창고 업무를 맡겼다는 내용이 나와. 앞서 살펴본 고대 로마의 상황과 마찬가지로 달력을 이용해 시간을 나누고 시기에 따라 세금을 매겼지. 나라에서 제례를 지낼 때 사용하는 음악의 음률을 정할 때도 수학이 큰 역할을 했어.

우리나라에서는 산가지산목, 산대라고 불리는 가느다란 대나무 막대로 수를 표현했어. 산가지는 기원전 2세기 무렵 중국 주나라 때 만들어진 것으로 삼국 시대에 들어온 것으로 추정돼. 나랏일을 하는 관리나 귀족이 주로 산가지를 많이 이용했는데, 코끼리 이빨인 상아나 금으로 산대를 아주 고급스럽게 만들기도 했지. 산가지는 손가락만 한 것부터 20센티미터가 넘는 것까지 크기가 다양했고, 우리나라에서는 조선 시대 말기까지 산가지를 많이 사용했어.

기원전 3000년에서 2500년 경, 고대 중국에서 만들어진 걸로 추정되는 주판이 조선에도 보급되었어. 도입 시기는 확실치 않지만 1593년(선조26년)에 후한 말의 《산법통종算法統宗》이라는 주산 교본이 우리나라에 수입되었다고 해. 하지만 주판이 널리 보급되지는

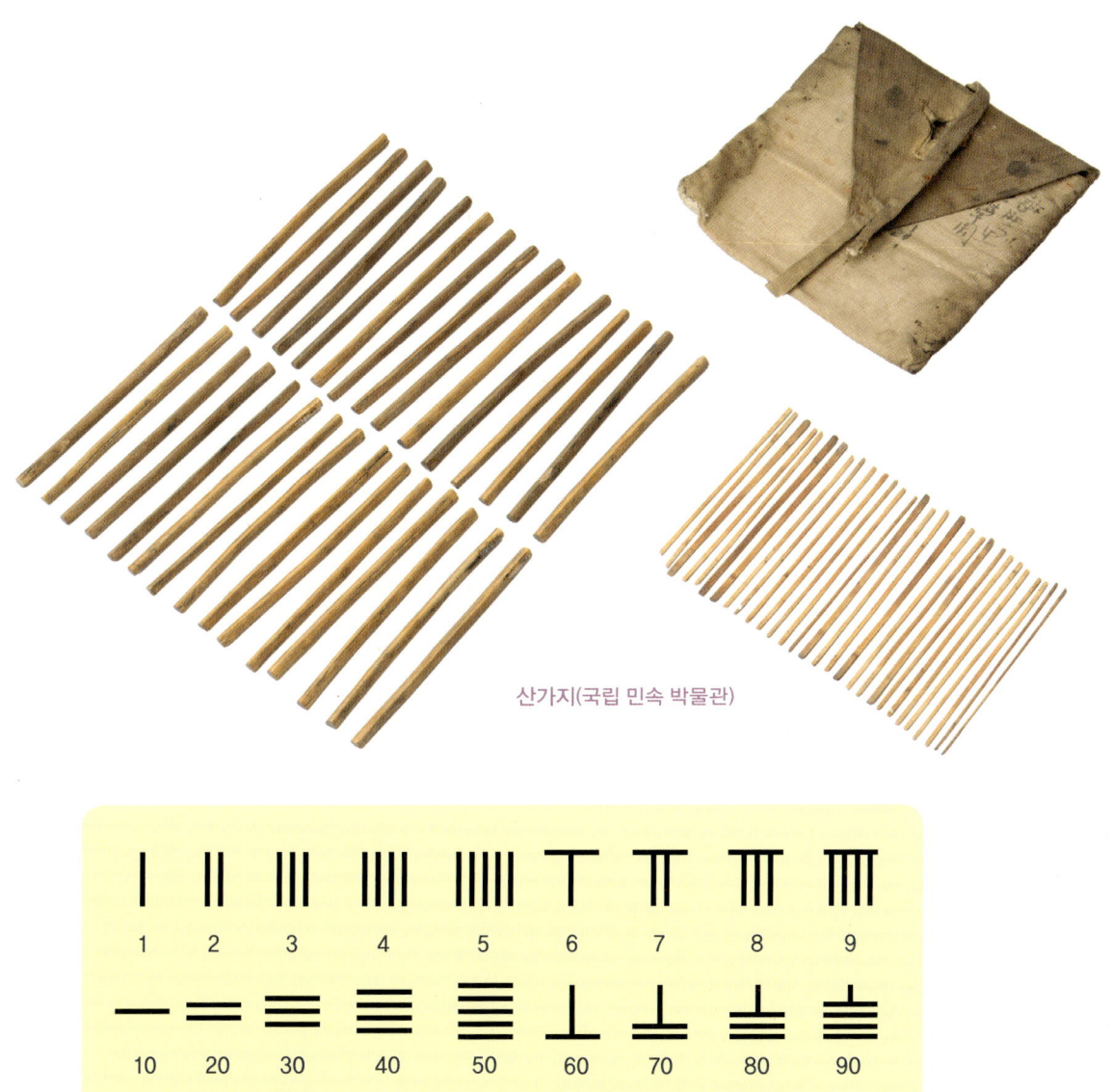

산가지(국립 민속 박물관)

산가지 표시 방법

2장 한반도의 산학을 말하다

못하고 일부 지식인들만 관심을 가졌던 걸로 보여. 일제 강점기 이후에는 주판이 널리 사용되면서 산대는 점차 사라져갔어. 90년대 초까지만 해도 동네 가게에서 주판을 흔히 사용했지. 지금은 계산기가 그 자리를 대신했지만 말이야.

주판
(국립 민속 박물관)

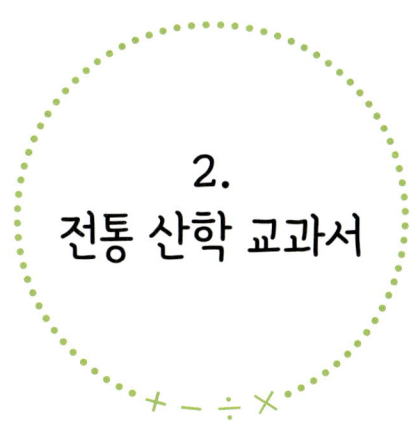

2. 전통 산학 교과서

옛 사람들이라고 해서 공자와 맹자 같은 유교 경전만 읽은 건 아냐. 옛날에도 지금처럼 수학책이 있었지. 동양에서는 수학을 셈에 관한 학문이라 하여 '산학算學'이라고 불렀어. 통일 신라 때는 《구장九章》, 《삼개三開》, 《육장六章》, 《철경綴經》이라는 산학 교과서가 있었어. 대부분 고대 중국에서 들여온 책들이지. 그중 가장 오래된 책은 《구장》이야. 《구장》의 전체 이름은 《구장산술九章算術》인데 수준이 꽤 높았어. 원주율 계산법도 담겨 있었거든.

그즈음 중국 당나라에는 '국자감'이라는 국제 대학이 있었어. 국자감에는 외국 학생이 많았는데, 신라 학자 최치원도 유학생 가운데 한 사람이었지. 국자감에 있는 산학과에서는 당대 유명한 수학서 가운데 10편을 집대성한 《산경십서算經十書》라는 수학책으로 수업

했어. 이 책에서는 주로 관리, 요즘으로 치면 공무원들이 일할 때 필요한 수학에 관한 내용이 담겨 있지.

통일 신라 시대인 682년(신문왕2년), 당나라의 국자감을 본 뜬 국학이 신라에도 설치되는데 국학의 교육 과목 가운데 하나로 산학이 있었어. 김부식이 쓴 《삼국사기》를 보면, 학생에게 《구장》, 《삼개》, 《육장》, 《철경》을 가르친다는 기록이 나와.

고려 때는 과거 시험으로 산학 문제가 출제되었어. 지금처럼 문제를 푸는 식은 아니고 유명한 산학 교과서의 내용을 얼마나 잘 외웠는가를 평가하는 시험이었어. 고려 시대인 918년에서 1392년까지는 중국 수학의 황금기이기도 했는데 이 시기 중국에는 송나라 960년-1279년, 금나라 1115년-1234년, 원나라 1271년-1368, 명나라 1368년-1644년 가 있었어. 당시 중국은 경제가 크게 성장하면서 수학도 발달했어.

특히 송나라가 중요해. 1127년, 여진이 세운 금나라 세력에 밀려 송나라는 어쩔 수 없이 수도를 남쪽으로 옮겼는데 이후 150년간 송나라는 '남송'이라 불렸어. 그때를 '상업 혁명의 시대'라고도 해. 남송 땅에서는 농작물이 잘 자랐고 양쯔강 근처여서 배가 드나들기도 좋았지 뭐야. 그래서 농작물이나 물건을 사고팔기 좋아 무역이 발달했지. 자연히 걷는 세금도 늘어서 나라가 부강해졌어.

송나라 상인은 인도와 아프리카, 아랍과도 활발히 무역했는데 돈이 많이 돌아서 계산하는 방법도 발달했지. 상인들은 주판을 이용해서 계산을 빠르게 했어. 중국에서 귀족이나 관리들만 주로 사용했던 수학을 신분과 관계없이 공부하는 상황이 된 거야.

1279년, 남송이 원나라에 의해 멸망해. 원나라는 중국인이 아닌 몽고 제국의 네 번째 칸이었던 쿠빌라이가 세웠지. 원나라는 신분에 계급을 두었는데, 진짜 중국인이라고 할 수 있는 한족을 가장 아래 두었어. 물론 자신들 몽골인이 가장 높은 계급이었고.

두 번째 계급은 누구였을까? 색목인이었어. 색목인은 유럽이나 서아시아, 중부 아시아 등지에서 온 터키인, 이란인, 아랍인과 같은 외국인을 이르던 말인데 피부색이나 눈동자의 색이 동아시아 지역 사람들과 달라 붙여진 이름이었어. 색목인들은 수학을 아주 잘했기 때문에 넓은 제국을 다스릴 때 유용한 인력이었을 거야. 수학 실력 때문에 귀한 대접을 받은 거지. 이처럼 발달했던 중국의 산학이 고려로도 수입되었을 가능성이 높아. 과거 시험에 산학 과목이 있었고, 고려 천문관서인 태사국에 역법 계산을 담당하는 관리를 배치했다는 것, 역관들의 일식 계산에 관한 기록이 《고려사》에 등장하지.

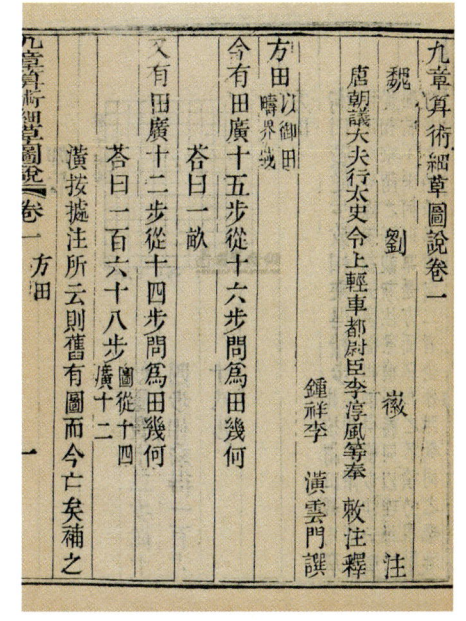

《구장산술九章算術》
《구장산술》은 중국에서 가장 오래된 수학서인 《산수서算數書》(기원전202년-기원전186년) 다음으로 오래된 수학서이다. 현재 중고등학교 수학에서 배우는 넓이, 비례식, 방정식, 피타고라스 정리 활용 문제 등을 다룬다.

3. 조선의 산학

1392년, 고려의 무장이었던 이성계가 고려를 무너뜨리고 조선 왕조의 첫 번째 왕 태조로 즉위했어. 처음 나라를 세울 때 중요한 일 가운데 하나가, 토지 제도를 정비하는 일이야. 토지 조사를 정확히 하고 세금을 잘 걷어야 새로운 나라의 기반이 튼튼히 다져지겠지.

토지를 측량하고 세금을 계산하는 데 산학자의 역할이 컸어. 고려 말기에 농사지을 수 있는 토지는 총 80만 결이었어. 하지만 세종 대왕 때에 이르면 농지가 무려 180만 결에 달하지. 두 배가 넘는 땅은 어디서 생긴 걸까? 농사를 짓지 못했던 땅을 개간한 것도 있었지만, 수학을 이용해 정확하게 토지를 측량한 것도 한몫했던 거야.

세종 대왕은 한글만큼 산학도 중요하다는 사실을 알았어. 《세종실록》에 따르면, 세종이 국가 행정에 꼭 필요한 기술인 산학을 널리

익히게 하는 방법을 찾으라고 언급한 내용이 나와. 이걸 보면 세종 대왕이 산학을 얼마나 중요하게 생각했는지 알 수 있지. 세종 대왕은 특히 공부하기를 무척 좋아했어. 산학도 자신이 먼저 열심히 공부했고, 지위가 높은 신하들에게도 배우라고 권했어. 산학을 가르치는 습산국도 만들었을 정도야.

조선 시대 양반들은 글 잘하는 것을 최고로 여겼어. 하지만 유교 경전 읽는 것만을 중시하고 그 외에 다른 학문은 조금 하찮게 여겼지. 의학을 의술이라 부르며 천하게 여긴 것만 봐도 알 수 있잖아?

그런 상황에서 세종 대왕이 산학을 배우도록 장려한 것은 산학이 그만큼 중요했다는 의미야. 그 시기 중국에서는 수학이 점점 쇠

퇴했지만 조선은 세종 대왕 덕분에 산학이 발전할 수 있었어.

중국과 일본 수학자들은 "조선 산학이 있었기에 중국 수학의 부활과 일본 수학의 창조가 가능했다."라고 말해. 중국에서 끊긴 수학의 맥을 조선이 발전시켰고, 조선의 수학이 중국과 일본으로 수출되기도 했어.

1592년, 일본이 조선을 침략하며 임진왜란이라는 큰 전쟁이 일어났어. 전쟁은 무려 7년 가까이 계속 되었는데, 전쟁 동안 일본은 조선의 수많은 보물과 자료를 훔쳤어. 물건들만 훔쳐갔던 게 아냐. 우수한 학자들과 장인들도 많이 납치해갔지. 전쟁을 겪는 동안 조선의 국토는 그야말로 폐허가 되었어. 농사지을 땅이 삼분의 일로 줄어들었을 정도니까.

그런데 특이한 일은 임진왜란 이후 조선의 산학책이 대부분 사라진 사실이야. 조선은 기록의 왕국이라 불릴 만큼 서적을 비롯한 자료 보관에 심혈을 기울였는데, 정말 이상한 일이었지. 신라 시대부터 고려와 조선에 이르기까지 가장 널리 쓰였던 산학책인 《구장산술》을 비롯해, 산학 발전의 전성기였던 세종 대왕 때부터 약 150년간 쓰인 산학책과 산학 기록들까지 전쟁으로 소실되거나 약탈당했어. 눈물 뚝뚝.

임진왜란으로 피해를 입은 조선의 산학은 큰 공백기를 맞았지만 마냥 정체되어 있을 수만은 없었어. 임진왜란 이후에는 중인 신분의 기술 관리직이었던 산학자들이 조선의 산학을 살리기 위해 노력했어. 조선 후기에는 실학의 발전에 힘입어 중국으로부터 서양 학문이 유입되었고, 많은 실학자가 수학과 천문학을 앞다투어 연구하기도 했지.

조선 후기에는 선교사들이 서양 수학을 활발히 들여왔어. 1895년 갑오개혁 이후 근대식 학교가 세워지면서 교육 과정에 서양식 산술 내용이 포함되었고, 전통 산학은 서서히 자취를 감추었어.

만약 전쟁으로 산학 서적이 약탈당하지 않고 학문에 공백이 생기지 않았다면 전통 산학이 어떤 모습으로 발전했을지 정말 궁금해. 하지만 그토록 크나큰 시련을 여러 번 겪었음에도 불구하고, 오늘날 우리나라는 수학을 바탕으로 하는 정보 통신 분야에서 세계 최강국이 되었으니 정말 자랑스럽지?

동양의 음양 사상

아주 오랜 옛날, 동양인들은 신이 세상을 둘로 나누어서 만들었다고 생각했어. 하늘과 땅, 해와 달, 낮과 밤, 남자와 여자, 흑과 백, 여름과 겨울처럼, 모든 것에는 상대되는 것 반대되는 것이 있다고 여겼지. 이런 생각이 '음양 사상'이야.

동양인들은 음과 양이 서로 강해졌다 약해졌다하며 균형을 이룬다고 생각했어. 이는 오늘날 수학에서 상당히 중요한 부분이야. 수학에서 음은 '−'를, 양은 '+'를 뜻해. 동양과 달리 과거 서양에서는 양수만 있다고 생각했어. 창조론을 믿었기에 무언가 존재하는 양수만 있다고 믿었지. 하지만 음수를 사용한 뒤에야 수학은 크게 발전할 수 있었어.

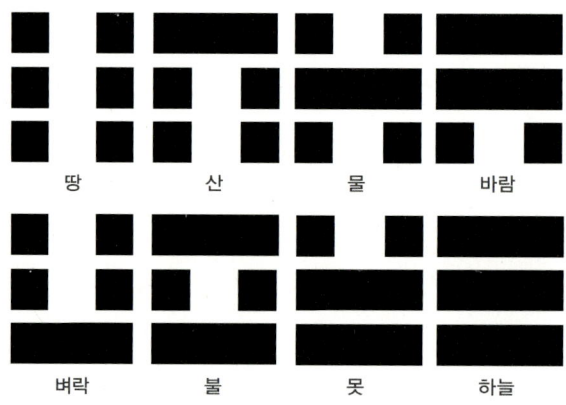

8괘의 의미

태극기

음양 사상이 나타난 대표적인 예는 태극기야. 태극의 파란색은 달과 음을, 붉은색은 태양과 양을 나타내. 태극기 각 모서리에는 대칭성이 아름다운 4괘가 있어. 동양에서는 음과 양을 기본으로, 여러 개로 나눈 8괘가 있어. 그 8괘에 다시 8괘를 추가해 64괘를 만들고 64괘로 우주의 이치를 풀어내려고 했어.

놀랍게도 64괘는 컴퓨터가 계산할 때 사용하는 이진법의 방식과 같아. 독일의 철학자이자 수학자였던 라이프니츠(1646-1716년)는 수학의 미적분법을 창시한 유명한 수학자야. 그가 중국에 있던 프랑스 선교사 부베와 편지를 주고받은 일이 있는데, 《주역》의 64괘에 관한 부베의 편지를 읽고 라이프니츠는 64괘 속에 이진법을 바탕으로 한 0부터 63의 수가 있음을 알았다고 해.

조선의 수학자 이야기

이순지

1406년?-1465년

이순지는 조선 시대의 천문학자였어. 천문학은 수학적 계산이 기본 바탕이 되어야 하는데, 이순지는 그만큼 수학에도 조예가 깊었지. 지금이야 최첨단 장비로 정밀하게 계산해서 날짜와 시간을 정하지만, 옛날에는 해와 달과 별의 움직임을 관측해서 달력을 만들었어. 농업 중심 사회였기 때문에 날짜를 정확히 아는 것은 매우 중요했지. 이순지가 활약했던 때는 세종대왕의 시대였어. 그는 한반도의 가운데가 북위 38도라는 사실을 계산해 냈는데, 중국에서 들여온 책을 통해 그의 계산이 정확하다는 사실이 밝혀지자 세종대왕은 크게 기뻐하며 이순지에게 천문 관측을 비롯한 다양한 일들을 맡겼어. 이순지는 1444년에 김담과 함께 《칠정산七政算》이라는 역법서의 외편을 펴냈어. 책 제목의 '칠정'은 해, 달, 수성, 화성, 목성, 금성, 토성을 뜻해. 이 책이 나오기 전까지는 중국의 영향으로 원주율을 365.2575도, 1도를 100분, 1분을 100초로 계산했어. 하지만 아랍 천문학을 바탕으로 쓴 《칠정산》의 외편이 나온 뒤로 오늘날처럼 360도, 60분, 60초로 우리나라 위치에서 정밀하게 천체를 관측할 수 있게 되었고 덕분에 우리나라는 세계 최고의 천문학 기술을 가질 수 있었어.

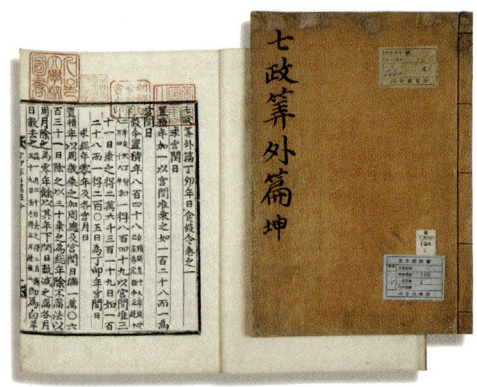

칠정산 외편

홍정하

1684년-1727년?

> 조선의
> 수학자
> 이야기

조선 시대 수학자였던 홍정하는 어렸을 때부터 수학 문제 푸는 것을 즐겼어. 홍정하가 스무 살에 산학 시험에 합격해 수학자가 된 뒤 몇 해가 지난 1713년, 청나라에서 사신이 왔어. 그는 하국주라는 사람으로 청나라 최고 수학자였지. 홍정하는 동료 수학자인 유수석과 함께 하국주를 찾아갔어. 하국주는 두 사람의 실력을 알아보기 위해 문제를 냈어. 홍정하는 즉시 문제의 해답을 말했지. 이번에는 홍정하가 문제를 냈어.

"공처럼 둥근 옥이 있습니다. 그 안에 내접한 정육면체만큼의 옥을 빼고 남은 바깥쪽 껍질의 무게가 265근입니다. 껍질의 두께는 4치 5푼이고요. 자, 문제입니다. 옥의 지름과 내접하는 정육면체 한 변의 길이는 얼마입니까?"

하국주는 한참을 생각했지만 문제를 풀지 못했어. 홍정하가 낸 문제는 오늘날의 삼차 방정식 같은 어려운 방법을 이용해야 풀 수 있는 문제였지. 홍정하와 유수석의 수학 지식에 크게 감탄한 하국주는 청나라로 돌아가서 자기가 쓴 《구고도설》이라는 책을 두 사람에게 보내 주었다고 해.

홍정하도 수학책을 남겼는데, 그가 쓴 《구일집》이라는 책에는 파스칼의 삼각형과 복잡한 이항계수의 정리, 고차 방정식의 풀이와 함께 그 시절 다른 나라의 수학에 관해 알 수 없었음에도 대수적 기하학이라는 어려운 수학 문제를 푸는 방법까지 담겨 있었어. 거기서 그치지 않고 홍정하는 중국에서 사라졌던 방정식 표기법인 '천원술'을 발전시켰고, 10차 방정식을 계산해서 방정식 이론을 확립했어. 두 수의 최대 공약수와 최소 공배수를 완벽하게 구한 건 덤이라고나 할까.

3

이상적인
아름다움을 담다

1. 자연의 신비한 비율, 황금비

황금비의 비밀 16세기 중반 이탈리아의 수도사였던 루카 파치올리1445년경–1514년경는 수학자로도 유명해. 중세 영국의 자연 과학자였던 로저 베이컨이나, 19세기 오스트리아의 유전학자인 멘델처럼 수도사 중에 뛰어난 학자가 많아. 돈이 없고 재능 많은 사람이 수도사가 되어 연구하는 일이 종종 있었거든.

파치올리는 삼각법, 산술, 대수 등을 다루는 《산술집성》이라는 훌륭한 수학책을 썼어. 뛰어난 스승에게는 훌륭한 제자가 나오는 법. 르네상스 시대의 천재 예술가 레오나르도 다빈치도 그에게 수학을 배울 정도였지. 파치올리는 1509년 다빈치의 도움을 받아 《신성한 비례》라는 책을 완성했는데 그 책에 황금비에 관한 내용이 나와.

황금비는 인간이 인식하기에 이상적으로 가장 균형 잡히고 아름

루카·파치올리

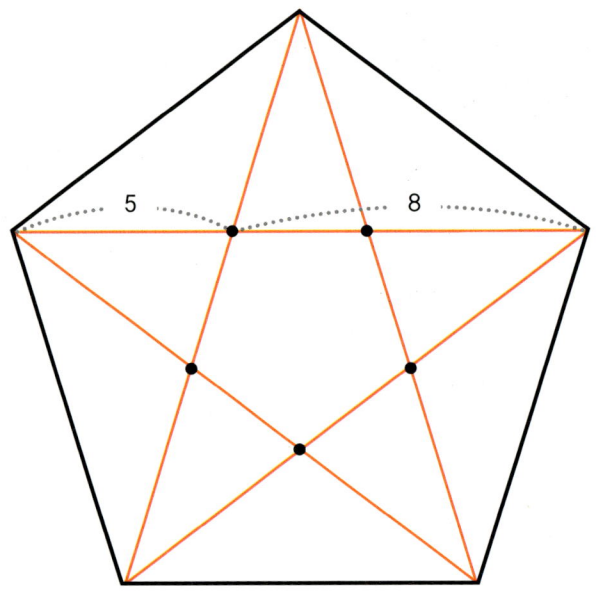

피타고라스가 발견한 황금비
피타고라스는 정오각형 내부의 대각선이 교차하는 각 대각선에 대해
약 5 : 8 = 1 : 1.6의 비율로 분할하는 것을 발견했다. 이것이 황금비의 개념이
생겨난 시초라 할 수 있으며, 이때 '정오각형의 같은 꼭짓점을 지나지 않는
두 개의 대각선은 서로 다른 쪽을 황금 분할한다'고 한다.

다워 보이는 비율을 뜻해. 고대 그리스의 수학자 피타고라스는 만물의 근원을 '수'로 보고 수학의 법칙에 따라 세상을 표현하려고 했는데, 밤하늘의 별이 정오각형으로 빛나는 것을 보면서 이상적인 비율을 발견하게 돼. 그게 황금비의 시초야.

황금비는 1 : 1.6의 비율이야. 여기서 1.6은 딱 떨어지는 수가 아니라 1.618······로 계속 이어지는 무리수이지. 한도 끝도 없이 다른 숫자가 나오니까 그냥 잘라서 1.6으로 쓰는 일이 많아. 황금비는 약

5000년 전부터 현재까지 동서양의 건축물이나 예술품, 생활용품 등 다양한 곳에서 나타나는데, 기원전 2500년경 대피라미드를 지을 때 황금비를 사용했다는 기록이 린드 파피루스에 나와. 대피라미드의 바닥면 정사각형 한쪽 변의 길이는 약 230미터이고 높이는 약 147미터인데, 높이인 147미터를 1로 봤을 때 바닥 한쪽 변의 길이인 230미터는 약 1.6이야. 황금비로군!

미의 여신 비너스라고 많이 들어 봤지? 미를 관장하는 고대 그리스의 여신 아프로디테를 로마에서는 비너스라고 불러. 1820년, 오스만 제국의 영토였던 밀로스Milos 섬의 아프로디테 신전 근처에서 한 농부가 밭을 갈다가 팔이 떨어져 나간 조각상 하나를 발견해.

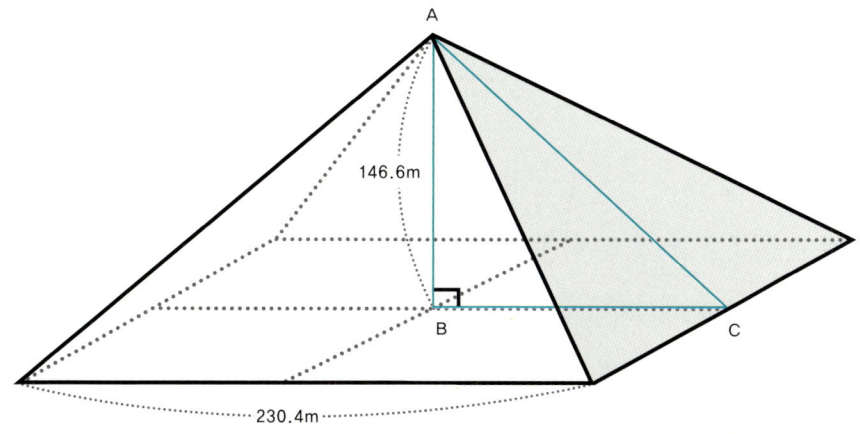

대피라미드에 나타난 황금비
정사각뿔 형태의 대피라미드는 밑면에서 한 변의 길이가 230.4m, 높이는 146.6m이다. 높이를 1로 하면 1.618034의 비율로 황금비가 나타나며, 변AC를 1로 보았을 때에도 황금비인 0.618034가 나타난다.

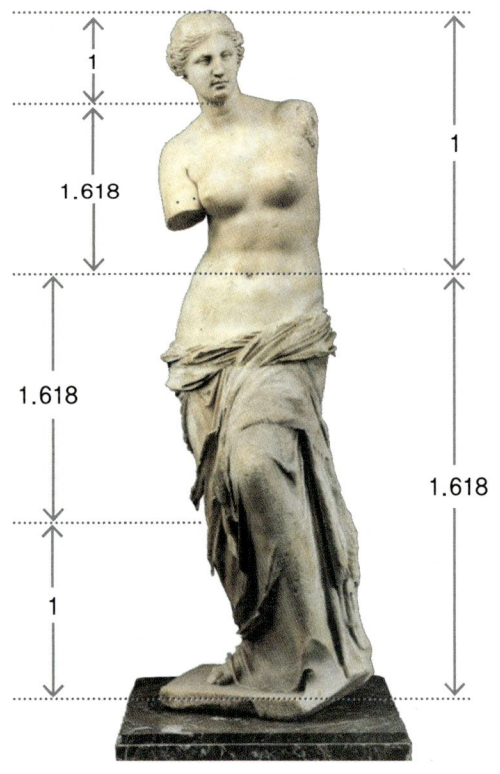

밀로의 비너스

그 조각상이 바로 '밀로의 비너스Venus de Milo'라는 작품이야.

밀로스 섬에서 발견된 이 아프로디테 여신상은 기원전 2세기에서 기원전 1세기 초 사이에 제작되었을 것으로 추정돼. 아름다움의 여신을 조각해서인지 가장 아름답게 조각한 것으로 유명한 이 조각에서도 우리는 황금비를 찾을 수 있지.

조각상을 잘 보면, 배꼽을 기준으로 몸 위쪽과 아래쪽의 비율이 1:1618이야. 몸 위쪽 어깨를 기준으로 위와 아래가 황금비, 아래쪽도 무릎을 중심으로 위와 아래도 황금비로 나뉘어. 얼굴도 코를 중심으로 위와 아래가 황금비를 이뤄.

르네상스 시대에도 사람들은 황금비를 신비롭게 생각했어. 독일 천문학자 요하네스 케플러1571년-1630년는 황금비를 보석과 같다고 말했지. 독일 물리학자 구스타프 페히너1801년-1887년는 당시 사용하던 책과 창문, 식탁 등 수천 개나 되는 직사각형 형태의 사물을 분석해서 가장 많이 나타나는 비율이 황금비에 가깝다는 것을 알아냈지.

자연에 존재하는 동물과 곤충, 식물에서도 각 부위에 황금비나 금강비가 나타나는 걸 관찰할 수 있어(금강비는 뒤에서 다시 설명할게). 나뭇잎이 가지에 붙은 간격, 나무 줄기에서 가지가 뻗어 있는 모습, 고둥의 소용돌이 모양에서도 황금비를 쉽게 찾아볼 수 있지.

이처럼 자연에서 자주 볼 수 있는 비율이었기 때문에 사람들 눈에는 더욱 아름답고 안정감 있게 보였을 것이고, 건축이나 예술 작품, 생활용품 등에도 이런 비율을 적용했는지도 몰라.

앵무조개

 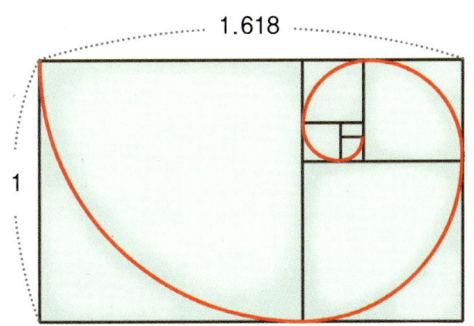

앵무조개에 나타난 황금비
황금비율로 이루어진 직사각형은 그 안에 정사각형과 함께 황금비로 된 직사각형을 포함한다.
그 황금비율의 직사각형에는 다시 정사각형과 황금비의 직사각형이 들어간다.
두 정사각형이 마주하는 지점을 원으로 연결하면 나선무늬를 얻을 수 있다.

파르테논 신전 그리스 아테네에 있는 파르테논 신전은 기원전 447년에 짓기 시작해 기원전 438년경에 완성된 건축물이야. 파르테논 신전은 아테네 여신에게 바친 신전인데, 아테네 여신은 이름대로 아테네의 수호신이었지.

신전은 그 크기가 동쪽과 서쪽으로는 70m이고 남쪽과 북쪽으로는 30m야. 아주 넓지. 특히 파르테논 신전에는 거대한 기둥 46개가 있는데, 이 기둥들은 고려 시대의 건축물인 부석사 무량수전의 기둥과 같은 배흘림 기법으로 만들어졌어. 배흘림 기법은 건축물 기둥이 위·아래로 갈수록 점점 가늘어지고 가운데 부분은 굵게 만들어진 건축 양식이야. 사람의 눈은 긴 기둥을 볼 때 가운데 부분이

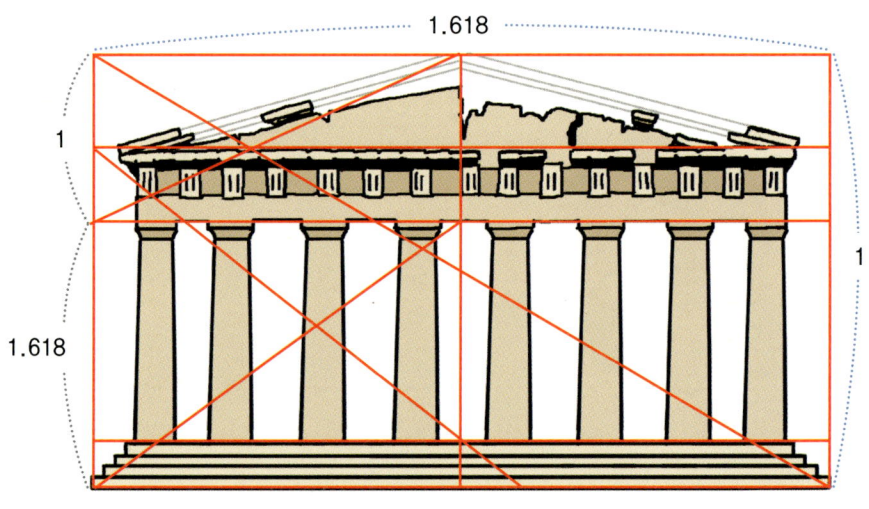

파르테논 신전의 황금비

홀쭉해 보이는 착시를 일으키기 쉬워. 그래서 기둥의 중간 부분을 불룩하게 만들어 주면 훨씬 안정감 있게 보여.

파르테논 신전은 서쪽에서 신전을 정면으로 봤을 때가 특히 중요해. 가로 폭은 약 30m이고 높이는 약 18.5m인데 이 비율이 황금비에 가깝거든. 기둥과 그 위 박공 부분도 황금비라 할 수 있고. 신전을 지을 때 황금비로 만들 작정을 하고 지었을까? 아니, 꼭 그렇게 볼 수는 없어. 사람의 눈에 가장 아름답고 안정감 있게 보이도록 지었는데 그 모양이 황금비와 맞아떨어진 걸지도 몰라.

파르테논 신전

노트르담 대성당   프랑스의 수도 파리를 남북으로 흐르는 아름다운 센강 근처에 멋지고 유명한 성당이 하나 있어. 12세기 고딕 건축 양식의 걸작으로 불리는 노트르담 대성당이야. 얼마나 크길래 '큰 대大'자를 써서 대성당이라고 부를까? 이름에 걸맞게 짓는 데도 오랜 시간이 걸렸어. 1163년부터 짓기 시작해 13세기 중엽에 대략 완성하고, 이후 계속 공사를 해서 18세기 초 무렵에야 오늘날의 모습을 갖추었지.

노트르담 대성당은 전체 길이가 130m야. 와우! 옆쪽은 48m나 돼. 탑 높이는 69m이고. 안으로 들어가 볼까? 천장은 35m나 되네. 공사를 너무 오래 해서 짓는 동안 벽에 큰 금이 가기도 했어. 무너질까 봐 버틸 수 있는 벽을 주변에 쌓았는데, 그 벽 때문에 더 아름다워졌다고 해. 전화위복인가? 됐어, 그냥 처음부터 잘 짓지!

이렇게 벽이 두꺼워지면서 위로 올라갈 수 있는 무게도 점차 늘어났어. 벽이 버텨 줄 거라고 봤으니까. 노트르담 대성당을 서쪽 정면에서 보면 폭과 높이의 비율이 황금비에 가까워. 두 탑과 수평적 구조 등 다양한 곳에서도 안정감 있는 황금비가 나타나지.

노트르담 대성당

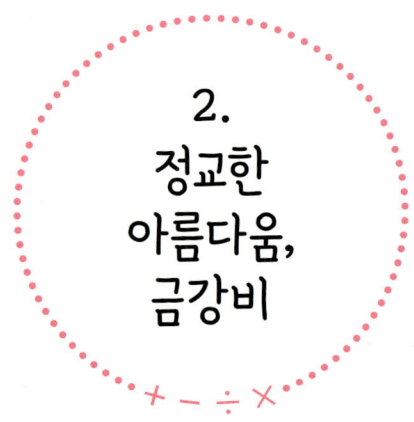

2. 정교한 아름다움, 금강비

금강비의 비밀

동양에서는 황금비보다 금강비를 더 많이 사용했어. 금강석은 다이아몬드를 뜻하는데, 금강비는 다이아몬드인 금강석처럼 아름다운 비율을 말해.

무량수전이나 석굴암 같은 우리나라 문화유산에서 금강비가 많이 나타나. 금강비는 1:1.4의 비야. 1.4 부분은 1.4142……로 계속되는데 원주율 π이나 황금비처럼 끝을 나타낼 수 없는 무리수이지. 반복되는 부분도 없고. 금강비인 1.4142……를 자기 자신과 곱하면 양수 2에 가까운 수가 돼. 기호로는 '$\sqrt{2}$'로. '루트 2'라고 읽어.

금강비는 우리가 자주 쓰는 A4용지나 공책 크기에서도 볼 수 있어. 가로 부분을 1이라고 봤을 때 세로 비율은 1.4 정도야. A4 용지를 반으로 접고 다시 반으로 접어도 크기만 작아질 뿐 금강비는 그대로 유지돼.

고대부터 인류는 금강비에 대해 알고 있었어. 4000년 전쯤 만들어진 고대 메소포타미아의 점토판 위에 정사각형이 그려져 있고 거기 대각선이 그어져 있어. 대각선 위에는 1, 24, 51, 10을 나타내는 문자가 적혀 있지. 이는 60진법으로 표현한 것인데 십진법으로 표현하면 '1.41421……'로 √2에 가까운 값이지. 4000년 전 수학 지식이라고 보기에 믿기 어려울 정도야.

기원전 6세기에 피타고라스는 하나, 둘, 셋으로 표현할 수 있는 유리수가 수의 전부라고 주장했어. 그는 모든 것을 유리수로 나타낼 수 있다고 여겼지. 그런데 어느 날 그의 제자 히파소스가 유리수로 나타낼 수 없는 것을 찾고 말았어. 바로 정사각형의 양쪽 각을 잇는 대각선이었지. 정사각형의 한 변의 길이가 1일 때 대각선의 길이를 딱 떨어지는 숫자로 표현할 수가 없었던 거야. 그 대각선의 길이는 제곱해서 2가 되는 수인 √2야. 앞서 보았듯이 1.41421……로 끝도 없이 이어지는 무리수였던 거야.

피타고라스학파 사람들이 무리수를 발견한 히파소스를 칭찬했을까? 아니야. 피타고라스의 말이 틀렸다는 사실이 알려질까 봐 히파

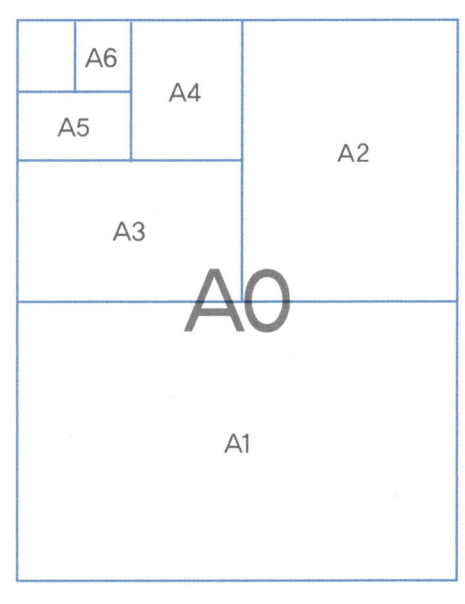

용지에 나타나는 금강비

소스를 물에 빠트려 죽였대. 세상 사람들한테 해 놓은 말이 있는데 아니라고 하면 믿음이 와장창 무너질 거 아니야? 세상에는 딱딱 떨어지는 유리수만 있다고 했는데, 끝이 없는 무리수가 존재한다니. 충격적이었겠지.

피타고라스학파 사람들은 남들 몰래 $\sqrt{2}$를 유리수로 표현하려고 갖은 수를 다 썼지만 결국 실패했어. 괜히 엄한 사람만 아까운 목숨을 잃고 말았네. 그 뒤로도 수학은 계속 발전했고, 사람들은 유리수와 무리수를 포함한 실수의 존재에 대해 알게 돼.

치밀하게 설계된 아름다움, 석굴암

옛 신라의 수도였던 경주에는 불국사, 석굴암, 첨성대 등등 훌륭한 건축물이나 조각품이 아주 많아. 그중 경주 토함산에 있는 석굴암은 통일 신라 경덕왕 때 지어졌는데, 화강암을 석굴 모양으로 다듬어 만든 석굴 사원(절)이지.

석굴암은 정교한 수학적 계산을 통해 만들어졌는데 곳곳에 금강비가 나타나. 석굴암 천장은 둥글게 원을 그리며 돌을 쌓아 올려 돔 모양으로 만들었어. 천장을 덮고 있는 돌은 무게가 20톤이나 되는데 이런 거대한 돌을 천장까지 어떻게 올렸을까? 둥근 형태로 만들기도 쉽지 않은데 말이지. 저런 무게를 버티려면 아래 끼워 넣은

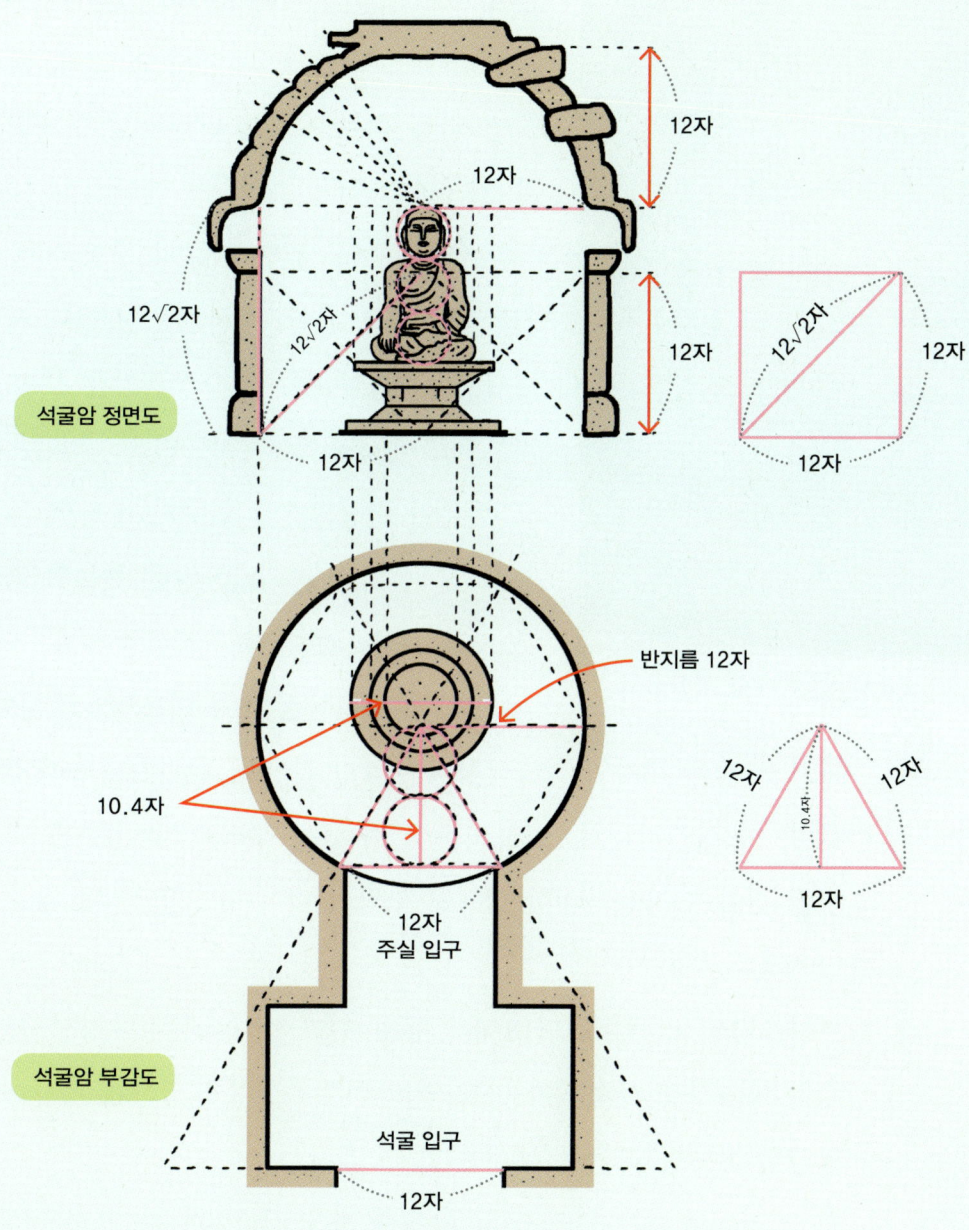

석굴암에 나타난 금강비

석굴암

돌들이 빈틈없이 아주 정확하게 맞아야 해. 우리 조상은 그걸 또 계산해 낸 거지. 오랜 세월이 흘렀는데도 무너지지 않고 저렇게 잘 버티고 있다니, 조상님들 대단하십니다!

석굴암의 석굴 밑면 지름과 천장 지름은 길이가 24자로 같아. 석굴암을 만들던 시절에 1자는 29.7cm였는데, 석굴암은 12자를 기본으로 건축되었어. 석굴암을 이루는 주요 부분인 천장 높이, 입구와 불상이 있는 주실 입구, 벽의 높이 등 이런 곳들의 길이가 12자인 약 7m야.

가장 중요한 불상의 높이도 $12\sqrt{2}$자야. 이건 한 변이 12자인 정사각형의 대각선 길이야. 정사각형의 대각선 길이, 바로 금강비지. 금강비는 끝이 없는 무리수라고 했지? 무리수를 건축에 사용하려면 엄청난 수학 실력이 뒷받침되어야 가능한 일이야.

석굴암이 만들어졌던 8세기 통일 신라 시대에는 《구장산술》을 수학 교과서로 사용했어. 신라인이 원주율까지 정밀하게 계산해서 다양한 건축물을 만든 사실을 알 수 있지.

조화와 균형의 미감, 무량수전

경상북도 영주에 있는 부석사는 태백산맥이 두 줄기로 나뉘는 소백산 자락에 위치해 있으며 신라 문무왕 때 세워진 사찰이야. 이 부석사의 중심 건물이 바로 무량수전이지!

무량수전의 기둥은 위와 아래가 가늘고 가운데가 두꺼운데 이런 방식을 배흘림 기법이라고 해. 배흘림 기법을 사용한 기둥은 건물을 힘 있게 보이도록 해. 무량수전에는 금강비와 황금비가 동시에 나타나. 정면에서 보았을 때 높이와 양쪽 처마까지 길이는 약 1 : 1.618로 황금비에 가깝고, 바닥면부터 용마루 높이까지 정확하게 재면 가로와 세로가 금강비야. 내부 기둥과 두 기둥을 잇는 서까래의 길이도 금강비에 가까워.

부석사 무량수전

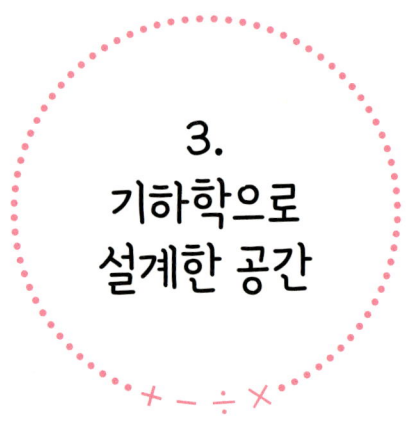

3. 기하학으로 설계한 공간

피라미드 고대인들이 터전을 잡고 살아가려면 가장 중요한 것은 무엇이었을까? 바로 물이야. 물이 있어야 풀과 나무가 잘 자라고 동물들도 모여들어. 그런 환경은 농사를 짓고 사냥하기에도 좋았겠지. 그래서 고대 문명의 탄생지는 주로 큰 강 주변에 위치해 있어.

나일강 유역의 이집트만 해도 그래. 고대 이집트는 땅이 비옥해서 농사를 짓기에 아주 좋은 환경이었어. 다른 지역에 비해 식량이 훨씬 풍족했지. 먹고 사는 문제가 해결되면 삶에 여유가 생겨서 문화가 발달하게 돼. 고대 이집트인은 옷과 장신구, 화장품이나 염색약, 가발까지 치장에 관심이 많았고 그림이나 조각 등에서 나타나는 예술성도 어마어마했지. 왕이었던 파라오는 죽어서도 현실과 같은 편하고 안락한 삶을 살길 원했어. 그래서 자신이 죽은 뒤에도 머무를 수 있는 영혼의 집을 짓도록 했지. 그 집이 바로 피라미드야.

피라미드는 정사각형 바닥에 삼각형 모양의 옆면을 뿔처럼 세워 올렸어. 이름도 그리스어로 세모꼴의 빵을 뜻하는 '피라미스Pyramis'에서 유래했지.

현재 80개 정도의 피라미드가 발견되었는데, 가장 큰 피라미드는 기원전 2500년경 세워진 이집트 고왕국 제 4왕조 파라오 쿠푸 왕의 무덤인 '대피라미드'야. 이집트 카이로의 나일강 근처 기자 지역에 위치한 이 피라미트는 높이가 약 147m, 바닥 한쪽 변의 길이는 약 230m나 돼.

대피라미드는 고대 세계 7대 불가사의 중 하나로 불릴 만큼 거대해. 그 시절에 어떻게 저런 건축물 지을 수 있었을까? 알려진 바에 따르면 대피라미드를 짓기 위해 동원된 인력만 무려 10만 명이나 되고 그들이 3개월씩 교대하며 20년 동안 일했다고 해. 하지만 최근

대피라미드

이와 같은 내용이 사실과 좀 다르다는 게 밝혀졌어. 대피라미드를 만들던 당시 이집트에는 노예 제도가 없어서 10만 명을 모을 수가 없었다는 거야. 피라미드 건축에 동원된 사람들은 노예가 아니라 일정한 식량이나 의약품, 물고기, 채소 등을 급여로 지급받기로 약속하고 노동에 참여한 사람들이었다는 거지.

피라미드를 짓는 노동자들은 일하는 동안 작은 마을에서 가족과 함께 지낼 수 있었다고 해. 그렇게 돌 캐는 곳 5000여 명, 운반할 때 5000여 명, 건설에 필요한 장비나 음식을 나르는 인력 5000여 명 정도 해서 많아야 2만 명 정도가 일했어. 일할 수 있게 함으로써 사람들이 생계를 이을 수 있도록 해 준 것으로 보기도 해.

대피라미드는 대략 2.5톤 무게의 화강암 230여만 개로 만들었는데 어떤 돌은 무게가 10톤이나 돼. 작은 트럭이 1.5톤 정도 되는데 10톤짜리 돌이면 얼마나 무거울까? 또 그렇게 무거운 자재를 사용하는데 건물이 무너지지 않도록 지으려면 어떻게 해야 할까? 이때 바로 정교한 수학적 계산이 필요하지. 피라미드를 둘러싼 돌 사이 빈틈은 0.5mm 정도밖에 안 돼. 그 정도로 큰 돌을 촘촘히 붙인 거야. 이런 기술은 오늘날에도 따라 하기 쉽지 않아.

피라미드를 지을 때 밑면을 정확한 정사각형으로 만드는 일도 무척 어려워. 바닥을 이루는 사각형의 어느 한쪽 부분이라도 길이가 맞지 않거나 바닥 사각형의 모서리 각도가 정확히 90도가 되지 않으면 피라미드를 위로 올렸을 때 꼭대기가 뾰족하게 되지 않거든. 당시 이집트인은 말뚝과 긴 줄을 이용해 피라미드의 바닥을 측정했을 것으로 추측돼.

그다음, 벽의 돌을 쌓아 올리는 일도 어려워. 돌이 작으면 쉽게 끼우고 빼면서 맞추면 되는데 돌이 워낙 크니까 아래쪽에서 조금만 안 맞으면 위로 올라갈수록 더 크게 어긋나. 이집트인들은 바닥부터 돌을 하나씩 올릴 때마다 무게 추를 올려 균형이 맞는지 확인하면서 아주 정밀하게 측정해 큰 돌을 쌓아 올린 것으로 보여.

이집트인들에게 수학은 추상적이고 어려운 학문이 아니라 실생활에 아주 유용하게 쓰이는 도구였어. 농토 면적을 계산하고 곡식 창고 용량을 계산하는 등 이집트인들이 수학을 어떻게 측량에 활용했는지를 기록한 파피루스가 지금까지 전해져.

'Geometry'라는 단어는 '토지'를 뜻하는 'Geo'와 '측량하다'를 뜻하는 'Metry'가 합해져 만들어진 말이야. Geometry는 수학의 기하학을 뜻하는 단어지. 점, 선, 면과 다양한 도형, 공간의 성질에 대해 연구하는 기하학이 고대부터 발달할 수 있었던 것은 이처럼 실생활과 관련해 유용하게 활용되었기 때문이야.

에펠탑

에펠탑

프랑스 파리하면 가장 먼저 뭐가 떠오르니? 개선문이나 센강? 아니면 앞에서 살펴본 노트르담 대성당? 하지만 뭐니 뭐니 해도 파리 하면 에펠탑 아니겠어? 1889년, 프랑스 정부는 프랑스 혁명 100주년을 기념하기 위해 세계 박람회를 열었어. 에펠탑은 만국 박람회장 앞에 세워졌지. 프랑스 건축가 구스타브 에펠1832년-1923년이 설계한 이 탑은 골격이 드러나 보이는 구조로 지어졌는데 당시에도 에펠탑처럼 골격으로 이루어진 이런 독특한 디자인의 건축물은 보기 힘들었어. 뼈대만 만들면 되니까 짓는 데도 25개월밖에 걸리지 않았다고 해.

하지만 당시 사람들은 뭔가 비어 보이는 낯선 모양의 에펠탑을 그리 좋아하지 않았어. 프랑스의 유명한 소설가 모파상 1850년-1893년도 에펠탑을 싫어한 것으로 유명한데, 이상하게도 에펠탑 안에 있는 식당은 자주 이용했다고 해. 싫다면서 왜 그랬을까? 모파상은 식사를 할 때만이라도 앙상한 에펠탑을 보고 싶지 않았어. 하지만 1930년 전까지 세계에서 가장 높은 건축물로 높이가 300미터나 되는 에펠탑은 파리 어디에서나 눈에 띌 수밖에 없었지. 에펠탑이 보이지 않는 곳이 딱 한 군데 있었어. 바로 에펠탑 안에 있는 식당이야. 모파상은 에펠탑을 무척 싫

에펠탑 안 식당에서 먹어야 에펠탑이 안 보이지.

어했지만 그 안에 있는 식당에는 자주 갈 수밖에 없었던 거야. 재미있지?

에펠탑은 수학을 바탕으로 한 공학 기술을 사용해 지어졌어. 다리 네 개로 지탱하며 위로 갈수록 점점 좁아지는 모양인데 총 2만 개에 가까운 금속을 사용했다고 해. 이렇게 건물이 높아지면 바람의 영향을 많이 받아. 혹시라도 강한 바람에 흔들리면 한쪽으로 기울 거 아니야? 하지만 에펠탑은 어느 쪽 다리에 무게가 쏠리더라도 충분히 버틸 수 있도록 공학적으로 설계해 만들어졌어.

디자인이 낯설어 싫어한 사람들도 있었지만, 모두가 그렇지는 않았어. 발명왕 에디슨은 에펠탑이 현대 공학의 거대한 기념비라고 찬사를 보내기까지 했지. 에펠탑은 그 독특함과 아름다움을 인정받아 지금은 파리를 상징하는 기념비적인 건축물이 되었어.

모파상

4. 곡선의 힘과 균형

현수선과 포물선 기원전 218년, 지중해의 패권을 차지하기 위해 시작된 2차 포에니 전쟁 당시 고대 그리스의 자연 과학자 아르키메데스는 각종 투석기와 기중기, 지렛대를 응용한 신무기를 만들어 적인 로마군을 크게 괴롭혔다고 해. 이때 청동 거울과 구리 방패로 햇빛을 한곳에 집중시켜 로마군 함선을 불태웠다는 이야기가 전해져.

이렇게 빛을 반사해 한곳에 모으는 원리를 반대로 생각해 봐. 한곳에 집중된 무게를 끈을 이용해 여러 방향으로 분산하면 진짜 무거운 무게도 버틸 수 있지 않을까? 그런 걸 볼 수 있는 곳이 있어. 강이나 바다 위를 가로지르는 긴 다리를 본 적 있지? 한강에 놓인 다리처럼 기둥 여러 개로 받치는 다리 말고, 큰 기둥에 끈으로 이어 놓은 것처럼 보이는 다리 말이야. 그런 다리를 현수교라고 해.

대표적인 현수교로는 우리나라 한려 수도를 가로지르는 다리인 남해 대교가 있고, 인천 국제공항으로 가는 길에 건설된 영종 대교, 미국 캘리포니아주 골든게이트 해협에 위치한 금문교가 있어. 특히 금문교는 전체 길이가 2800m나 되고 탑과 탑 사이 거리는 1280m야. 무게를 견디는 두 탑은 높이가 227m에 이르지. 다리 아래로 배가 지나다녀야 해서 다리를 높이 매달아 놓았어.

현수교에서 다리와 기둥을 연결하는 케이블은 철사를 꼬아서 만든 굵은 줄이야. 이렇게 실이나 철사를 꼬아서 줄을 만들면 같은 두께의 줄보다 더 질기고 강해져. 금문교를 만들 때 사용한 케이블은 두께 지름이 1m나 돼. 쇠줄 2만

금문교 케이블

3장 이상적인 아름다움을 담다

금문교

7천572가닥을 꼬아서 만든 거지.

 그런데 케이블이 금문교에 일정하게 연결된 모양은 수학에서 말하는 현수선과는 달리 좀 더 휘어진 곡선의 포물선에 가까워. 현수선은 줄의 양쪽 끝을 잡고 가운데 부분이 아래로 자연스럽게 늘어지도록 느슨하게 잡았을 때 나타나는 곡선 모양이야. 포물선은 공을 위로 멀리 던졌을 때나 대포를 쐈을 때, 공이나 포탄이 맨 위까지 올라갔다가 떨어지면서 나타나는 모양이지. 전쟁에서 목표물을 정확하게 맞추기 위해 수학의 좌표에 그려가면서 포탄의 움직임을 분석했어. 포탄이 날아가는 길을 수학적으로 계산해서 정확도를 높인 거야. 이처럼 포탄과 로켓 등의 움직임을 연구하는 학문을 '탄도학'이라고 해.

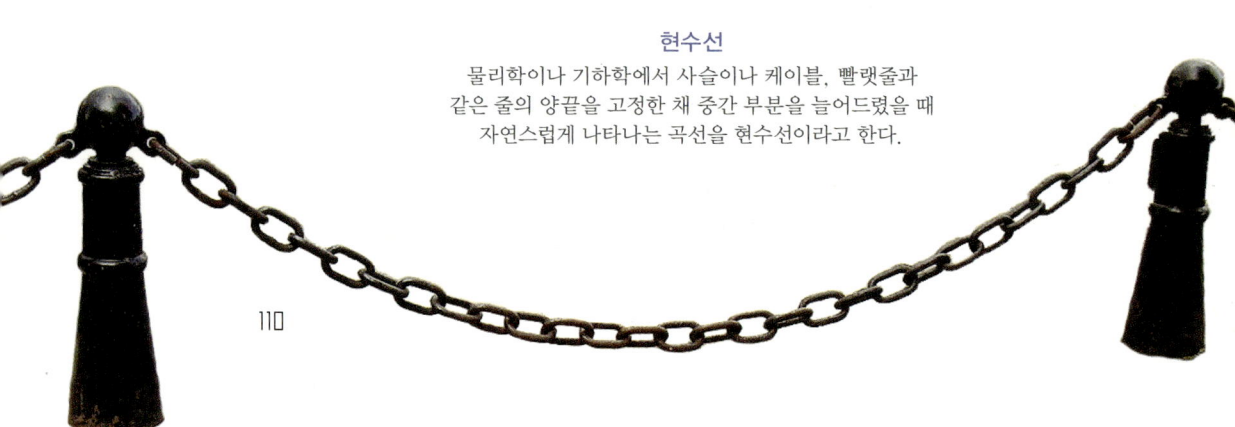

현수선
물리학이나 기하학에서 사슬이나 케이블, 빨랫줄과 같은 줄의 양끝을 고정한 채 중간 부분을 늘어드렸을 때 자연스럽게 나타나는 곡선을 현수선이라고 한다.

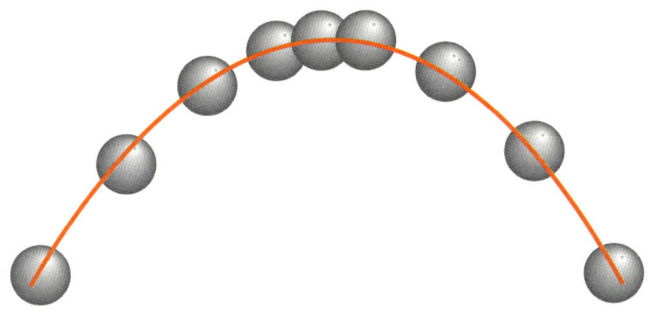

포물선 운동
물체를 비스듬히 던져 올렸을 때
물체가 반원 모양의 포물선 궤도를 그리며 움직인다.

1453년, 오스만 제국이 비잔틴 제국을 공격하면서 600kg이 넘는 포탄을 1600m까지 쏠 수 있는 거대한 대포를 앞세웠어. 수십 차례의 전쟁도 버텨 낸 비잔틴 제국의 성벽이 대포에 무너지고 말았지. 그 전쟁 이후 대포는 아주 중요한 무기가 되었고 포탄을 정확하게 쏠 수 있는 방법을 연구하는 일은 더욱 중요해졌어. 그러면서 그래프와 함수에 관한 수학도 발달했어. 그 시절 사람들은 포탄을 쐈을 때 최고점에 이르면 그대로 땅으로 떨어진다고 생각했는데, 현재 우리는 그게 아니라는 걸 알지. 대포 쏘는 게임 많이 해 봤지? 위로 비스듬히 올라갔다가 정점에 이른 뒤 다시 비스듬하게 아래로 떨어지잖아.

포탄의 움직임을 처음 연구한 사람은 이탈리아 수학자였던 니콜로 타르탈리아1499년–1557년야. 그는 대포를 45도로 조준했을 때 포탄

니콜로 타르탈리아

이 가장 멀리 날아간다는 사실을 알았어. 이후 갈릴레이 1564년-1642년가 포탄이 포물선을 그리면서 떨어진다는 사실을 수학으로 증명했고 대포의 정확도는 더욱 향상되었어.

자동차의 전조등이나 태양열을 모으는 장치, 위성 안테나 전파 망원경 등도 포물선의 원리를 이용해. 포물선은 외부 여러 곳에서 오는 빛이나 소리를 한곳으로 모이게 할 수 있거든. 이렇게 한곳으로 모인 빛을 반사하면 자동차 전조등 불빛처럼 넓게 퍼지지 않고 길게 뻗어 나가게 돼. 현수교도 다리 무게를 기둥 한곳으로 모이게 하려고 포물선의 원리를 이용한 거야. 정확히 말하면 현수교가 아니라 포물교인가?

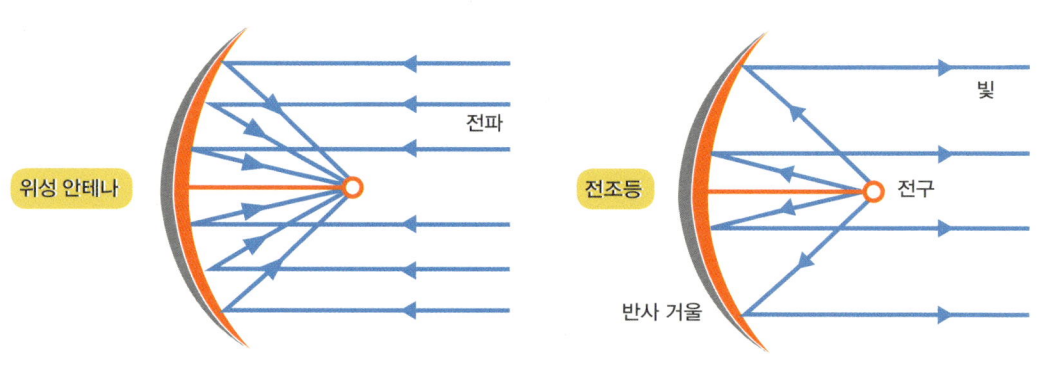

포물선을 이용한 집중 원리

아치와 돔

둥근 반원 형태의 긴 터널을 차를 타고 지나가다 보면 왠지 떨리고 무서울 때가 있어. 산 아래 이렇게 긴 구멍을 뚫었는데 왜 쉽게 무너지지 않을까? 그 이유는 바로 천장이 원형이라서 그래. 터널 형태처럼 둥글고 길게 뻗은 천장 모양을 '아치'라 하고, 공을 반으로 잘라 엎어 놓은 모양의 천장은 '돔'이라고 해. 아치와 돔을 이용하면 건물을 크고 웅장하게 지을 수 있어. 엄청난 무게를 분산시킬 수 있거든.

산이 내리누르는 무게는 상상할 수 없을 만큼 엄청나. 터널은 그런 엄청난 압력을 수학적으로 계산해 분산시키는 거야. 터널 위에 돌을 반원 모양으로 이어 붙이면 위에서 누르는 무게가 사선 방향으로 나뉘면서 양옆 기둥으로 전달돼. 돔 형태의 천장도 비슷한 원리야. 양옆으로 무게를 분산시켜 버리니까 가운데가 비었어도 무너지지 않고 버티는 거지.

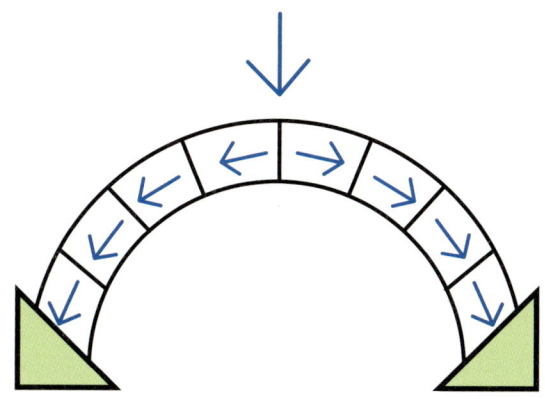

무게를 분산하는 아치

유스티니아누스 1세의 모자이크

터키의 이스탄불에 위치한 하기아 소피아 성당은 돔을 이용한 건축물로 유명해. 532년에서 537년 즈음에 만들어졌는데, 현재의 하기아 소피아 성당은 세 번째 지은 거야. 우리나라로 치면 삼국 시대에 만든 건축물이 여전히 튼튼한 거야. 이 건축물은 원래는 기독교 성당이었지만 오스만 제국이 점령한 뒤 이슬람교 예배 장소인 모스크로 쓰였어. 성당이 너무나 아름다워서 파괴하지 않고 자기들이 사용한 거야.

6세기 중엽, 비잔틴 제국 황제였던 유스티니아누스 1세483년-565년는 로마법을 새로 만들고 로마 제국 영토를 되찾아 비잔틴 제국의 부흥을 이끌었어. 유스티니아누스는 수도인 콘스탄티노플의 위상이 드높아지기를 원했어. 권력을 강화하기 위해 하기아 소피아 성당을 짓도록 명령하고, 1만 명이나 되는 일꾼이 5년 넘게 일해서 마침내 하기아 소피아 성당을 완성했지.

하기아 소피아 성당은 마치 공중에 떠 있는 것처럼 보이는 거대한 돔이 있어. 성당 벽은 정사각형인데 그 위에 원형 돔이 올라가 있지. 꼭대기의 반원 모양 돔을 그 아래 더 큰 돔이 지지하고, 그 큰 돔은 네 개의 아치 형태 기둥이 받쳐 주고 있어. 정밀한 수학적 계

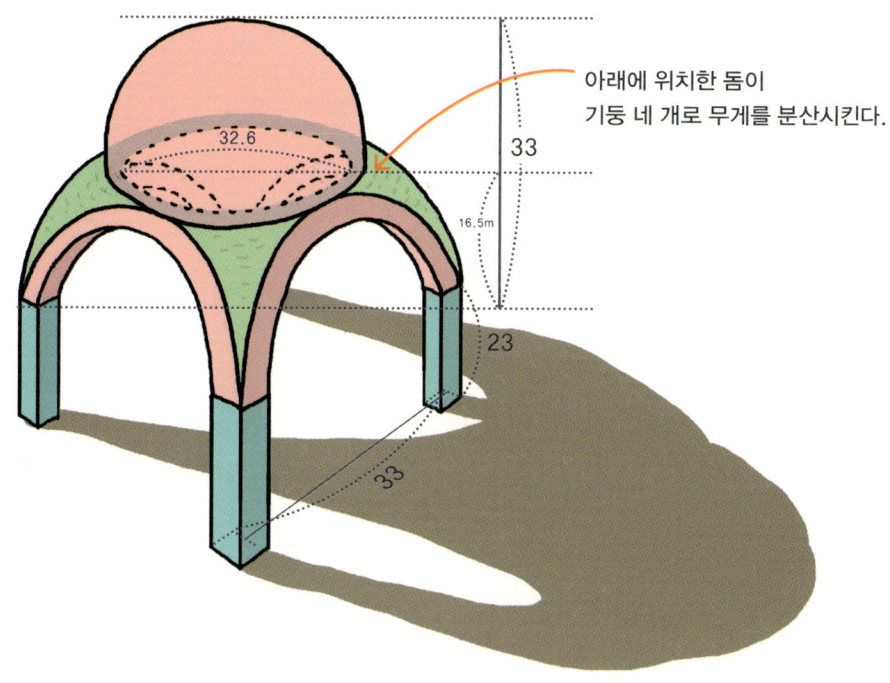

하기아 소피아 성당 돔의 무게 분산

산을 통해 무게가 잘 분산되도록 지은 거지.

　내부에는 성인들의 모습이 모자이크 형식으로 표현되어 있어. 특히 지름 32.6m에 이르는 돔이 가장 돋보여. 기둥은 높이가 23m인데 돔 지름과의 비율이 약 1:1.4로 금강비에 가깝고, 기둥 간의 간격과 전체 높이의 비는 1:1.69로 황금비에 가까워. 수학을 이용한 정확한 측정으로 웅장하고 아름다운 건축물을 완성할 수 있었던 거야.

537년 12월, 하기아 소피아 성당 완성 행사가 열렸어. 유스티니아누스 황제는 성당의 아름다움에 감격해서 외쳤어.

"솔로몬이여! 내가 그대를 이겼소."

솔로몬?-BC912년은 이스라엘 왕국의 제3대 왕으로 '지혜의 왕'이라고 불렸어. 아기를 놓고 싸우는 두 여자에게 아기를 반으로 가르라고 해서 진짜 어머니를 찾아 주었다는 솔로몬의 재판으로 유명해. 하지만 실제 솔로몬은 방탕하고 사치스러웠대. 세금을 과하게 걷고 힘으로 억누르는 정치를 했지.

그런 솔로몬이 기원전 957년에 솔로몬 성전이라고도 불리는 첫 번째 예루살렘 성전을 완성했는데, 아주 거대하고 화려했다고 전해져. 유스티니아누스는 솔로몬이 지은 그 성전보다 자신의 하기아 소피아 성당이 더 훌륭하다고 외친 거야. 나아가 자신이 솔로몬보다 더 뛰어난 황제였다고 생각했는지도 몰라.

고속도로에 사용한 미적분

고속 도로는 차들이 빠르게 달릴 수 있도록 만든 도로야. 고속 도로에서는 갑자기 휘어진 길이 나온다면 큰일 나. 제때 속도를 줄일 수 없거든. 그럼 꺾이는 부분을 원의 가장자리처럼 부드럽게? 아니야. 보기에는 부드러워도 운전대를 많이 돌렸다 풀었다 해야 돼서 위험해. 이때 미적분을 이용해서 구한 '클로소이드 곡선'이라는 걸 적용

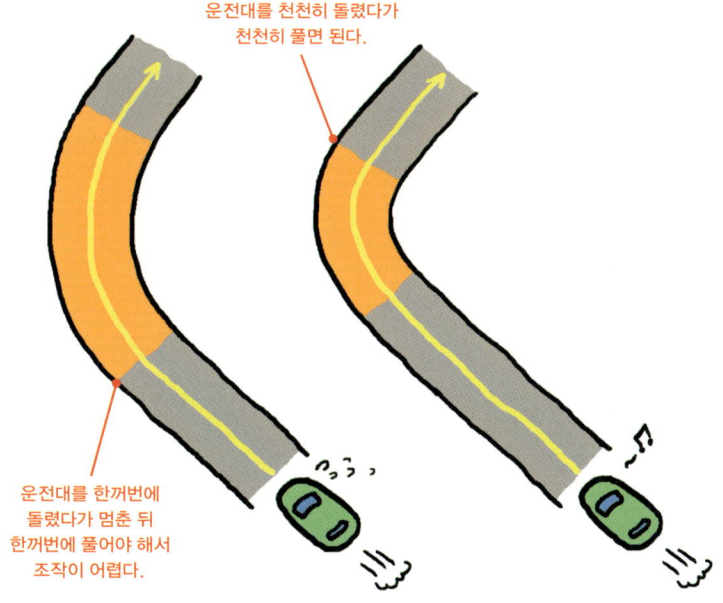

*원형 곡선 : 운전하기 어렵다. *클로소이드 곡선 : 운전하기 쉽다.

클로소이드 곡선으로 만든 도로

117

하면 돼. 클로소이드 곡선은 '안전 곡선'이라고도 해. 고속 도로의 휘는 곳을 클로소이드 곡선으로 만들면 위에서 볼 땐 갑자기 꺾이는 것처럼 보여. 안전한 거 맞아? 방향을 틀기 어려워 보이지만, 실제로는 쉬워. 천천히 운전대를 돌렸다가 천천히 풀면 운전자가 더 편하고 안전하게 곡선 주행을 할 수 있어. 이런 클로소이드 곡선은 놀이공원의 롤러코스터 레일을 설계할 때도 응용되지.

미적분은 미분과 적분을 합친 말이야. 미분은 잘게 나눈다는 뜻인데, 미적분으로 원의 넓이를 구해 볼까? 먼저 원보다 작은 정사각형을 원 안에 최대한 가득 빈틈 없도록 집어넣어. 그래도 남는 부분에는 처음 정사각형보다 더 작은 정사각형을 계속 넣는 거야. 그럼 원 안에 들어가는 정사각형은 점점 0에 가까운 크기가 돼. 보이지도 않겠네. 나중에 원에 들어간 정사각형의 개수를 합해서 원의 넓이를 구하는 거지. 아이고, 복잡하다. 그냥 파이로 구하면 안 될까? 다른 쉬운 방법도 있으니 걱정할 필요는 없어.

미적분은 오늘날 물리학과 관련된 여러 분야에서 사용되고 있어. 건축물의 무게와 그 무게를 버틸 힘을 계산할 때나, 고속도로를 설계할 때 등 다양하지. 경제 흐름을 분석할 때도 미적분을 포함한 수학적 방법을 널리 사용해. 항공 우주 분야에서도 미적분은 기본이 되는 수학이라고 할 수 있어.

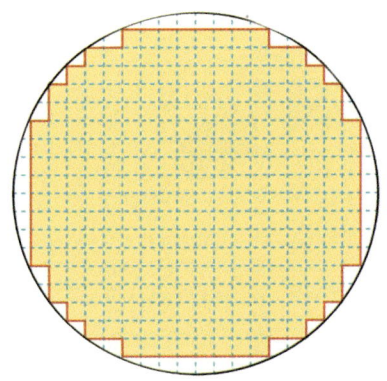

아르키메데스

기원전287년?-기원전212년

위대한 수학자 이야기

오늘날 아르키메데스, 뉴턴, 가우스를 3대 수학자로 불러. 아르키메데스는 어릴 적부터 아주 지혜로워서 배운 것을 응용하는 능력이 뛰어났다고 해. 뭘 하나를 알고 나면 그것을 응용해 이것저것 다른 여러 가지 것들을 만들어 본 거야. 그중 나선식 펌프가 있어. 지금도 배에 물을 뺄 때 이 펌프를 사용하는 나라가 있을 정도야.

아르키메데스는 지렛대의 원리를 잘 알았던 것으로 유명해. 시라쿠사의 왕이었던 히에론 2세에게 긴 지렛대와 받침대만 준다면 지구도 움직일 수 있다고 말했지. 히에론 2세는 아르키메데스를 불러서, 해변 모래 위에 돛대가 세 개나 달린 군함이 있는데 물 위로 보낼 수 있느냐고 물었지. 아르키메데스가 보니 군함 안은 병사로 가득했어. 아르키메데스는 망설이지 않았어. 지렛대와 도르래를 이용해서 군함을 천천히 바닷가로 이동시켰고 군함은 바다 위에 떴어. 불가능할 것 같았던 일이 사람들 눈앞에서

◀ 아르키메데스

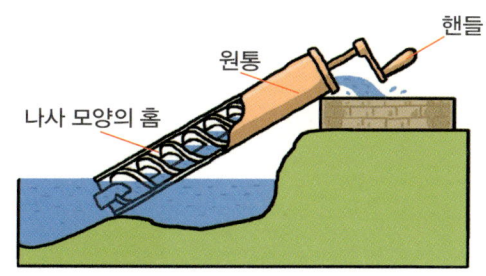

▲ 아르키메데스의 나선식 펌프

벌어졌지.

히에론 2세는 다시 아르키메데스를 불러서, 이번에는 왕관이 제대로 만들어졌는지 확인하라고 명령했어. 왕관을 만들라며 금을 줬는데, 일꾼들이 금을 빼돌리고 은을 넣었을지도 모른다며 의심한 거야.

당시 지식으로는 왕관에 어떤 금속 성분을 섞어 쓰는지 알기가 어려웠어. 고민하던 아르키메데스는 씻기 위해 목욕탕에 들어갔다가 욕조 물이 넘치는 것을 보고 "유레카!"라고 외치며 옷도 입지 않고 집으로 달려갔다고 해. 몸의 부피만큼 욕조 물이 넘치는 것을 보고 왕관을 만들 때에도 같은 원리가 적용될 것이라고 생각한 거지. 그는 물속에 양팔 저울을 넣은 다음 한쪽에는 금관을, 다른 쪽에는 금관을 만들라고 준 것과 같은 양의 금을 얹었어. 저울은 순금 쪽으로 기울었어. 왕관에 금보다 가벼운 은이 섞여 있어서 같은 무게의 순금보다 부피가 컸던 거야.

로마가 시라쿠사를 공격했을 때 아르키메데스는 70세가 넘은 노인이었지만 나라를 지키는 일에 앞장섰어. 기중기로 배를 공중에 매달아 돌리거나, 햇빛을 반사할 수 있는 사면경과 육각경을 이용해 함선에 불을 내 로마군을 물리친 일 등 대부분이 그의 지혜에서 나왔지. 특히 로마 함대에 불을 낸 것은 오늘날 텔레비전 신호를 수신하는 원리와 같아. 아르키메데스는 광을 낸 청동 거울과 구리 방패를 병사들에게 주고 해안가에 포물선 모양으로 서게 했어. 방패로 태양 빛을 반사해 로마군 함선의 한곳에 집중시켰고 높은 열 때문에 함선에 불이 났던 거야.

최근에 아르키메데스가 한 것처럼 청동 거울로 빛을 모아 움직이는 배에 불을 내는 실험을 했는데 실패했어. 어떤 학자는 햇빛을 이용해서 배에 불을 낸 것이 아니고 로마군이 앞을 볼 수 없도록 햇빛을 반사했을 것으로 추정하기도 해.

아르키메데스 때문에 전투에 패배했지만 로마는 포기하지 않았고 결국 시라쿠사를 무너뜨렸어. 당시 시라쿠사를 함락한 로마 장군 마르켈루스는 병사를 보내 아르키메데스를 데려오라고 명령했어. 아르키메데스가 뛰어난 수학자였기 때문에 로마의 발전에 큰 도움을 줄 거로 생각했지. 병사가 도착했을 때 아르키메데스는 바닥에 도형을 그리고 있었어. 자신을 데려가려는 병사에게 아르키메데스가 소리쳤지.
"내 원을 밟지 마라!"
"내 연구를 방해하지 마라!" 혹은 "햇빛을 가리지 마라!"고 말했다는 이야기도 있어. 그 말에 화가 난 로마 병사는 검을 꺼내 아르키메데스를 찔러 버렸어.
아르키메데스의 죽음을 안타까워한 마르켈루스는 그를 잘 묻어 주고 묘비를 세워 주었어. 그 묘비에는 원기둥에 접하는 구가 새겨져 있었다고 해. 아르키메데스의 묘가 어디에 있는지 알려지지 않았지만, 1965년 시라쿠사에 호텔을 세우기 위해 땅을 파다가 원기둥에 접하는 구가 새겨진 묘비를 발견했다고 해.
아르키메데스의 업적을 기려 오늘날 노벨상에 버금가는 수학 상인 필즈상 메달에는 아르키메데스의 얼굴이 새겨져 있어.

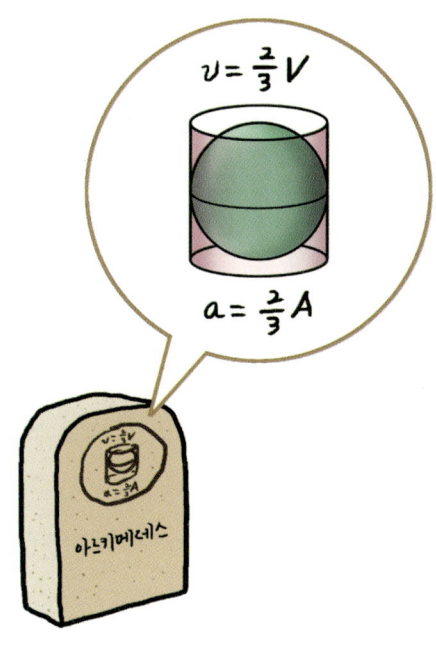

> ## 위대한 수학자 이야기

레오나르도 다빈치

1452년-1519년

14세기 중엽, 흑사병이 큰 피해를 입히며 유럽을 휩쓸고 지나간 뒤 이탈리아에서 문화 부흥 운동이 일어나. 고대 그리스와 로마 문화를 본보기로 삼아 새로운 문화를 만들어 내는 운동으로 문학, 미술, 건축, 과학 등 다양한 분야에 걸쳐 큰 발전이 이루어졌지. 이른바 르네상스라고 불리는 문화 현상이야.

르네상스 시대를 대표하는 인물이 바로 레오나르도 다빈치야. 다빈치는 수학, 조각, 건축, 과학, 음악, 철학에 이르기까지 여러 분야에 큰 업적을 남겼어. 그의 그림이나 조각은 수학적으로 아주 정교한 비례를 자랑해.

레오나르도 다빈치

다빈치가 수학을 얼마나 중요하게 여겼는지는 그가 쓴 《회화론》의 첫 부분에서도 알 수 있어.

"수학자가 아닌 사람은 이 책을 읽지 마시오."

다빈치는 원근법을 잘 사용했어. 그가 그린 〈수태고지〉는 성당 정면 왼쪽 벽에 걸려 있어서 사람들이 그림을 볼 때 왼쪽으로 올려다봐야 하지. 시선에 맞게 인물의 비율이 달라. 보는 사람의 위치까지 계산해서 그림을 그린 거야.

다빈치는 1495년부터 몇 년 동안 공을 들여 〈최후의 만찬〉을 그렸어. 〈최후의 만찬〉은 이탈리아 밀라노에 있는 산타마리아 델레그라치에 성당 식당에 있는 벽화야. 가로 9.1m, 세로 4.2m나 되는 그림이지. 이 그림에는 예수가 십자가에서 죽기 전날 열두

수태고지

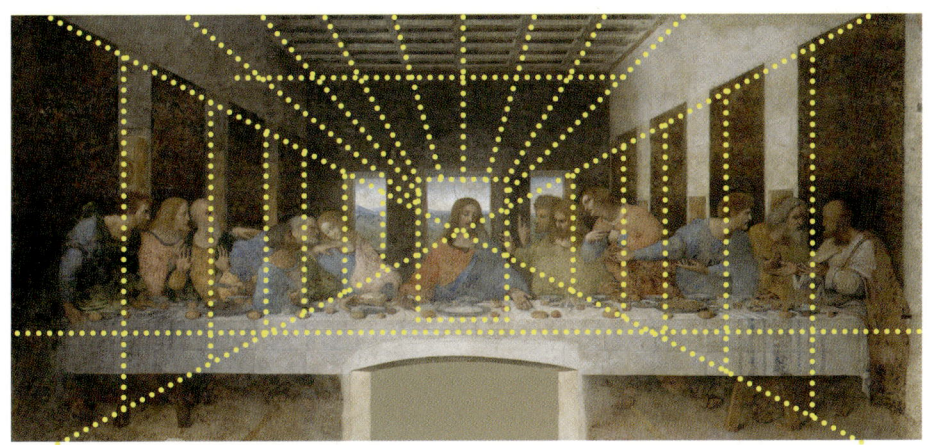

최후의 만찬

명의 제자와 식사하는 모습이 담겨 있어. 〈최후의 만찬〉은 전체적인 형태가 수학적인 구조를 이루고 있으며 정확한 원근법을 이용해 그려졌어. 그림 한가운데 앉아 있는 예수의 몸은 삼각형 모양이야. 예수의 눈을 중심으로 수평선, 수직선을 그으면 위와 아래, 왼쪽과 오른쪽으로 빛의 세기가 달라. 이처럼 밝고 어두움이 다른 부분을 선으로 나누어 연결해 보면 모두 예수의 오른쪽 눈에서 만나지. 수학적 비례를 사용한 원근법을 이용한 거야. 수학에서는 이를 무한원점이라고 해. 무한원점은 현실에는 없는 가상의 점이야. 요즘 유행하는 가상공간 체험 장치 있잖아. 그 시절에 이미 다빈치는 머릿속으로 그걸 생각했나 봐. 그림을 보는 사람이 최후의 만찬 장소에 직접 참석한 것처럼 느끼도록 그린 것인지도 모르지.

〈최후의 만찬〉은 숫자와 연관된 부분도 많아. 창문이 세 개인 것은 그리스도교의 삼위일체를, 넷으로 무리를 이룬 제자들은 네 개의 복음서를 뜻해. 피타고라스학파가 세상이 있는 것들을 숫자로 표현한 것 기억나지? 그들은 완전수, 부족수, 과잉수에 관해 이야기했어. 이를 〈최후의 만찬〉에서도 볼 수 있어. 6은 자신인 6을 제외하고 나눌 수 있는 수가 1, 2, 3이야. 1, 2, 3을 6의 진약수라고 해. 이 1, 2, 3을 더하면 처음의 6과 같아지지. 피타고라스학파는 6과 같은 수를 완전수라고 했어. 진약수의 합이 처음 수와 같을 때, 그 처음 수가 바로 완전수인 거지. 예수가 가장 마음에 들어 했던 제자가 사도 요한이래. 사도 요한은 그림 왼쪽에서 완전수인 여섯 번째 자리에 있어.

진약수를 더했을 때 원래 수보다 작아지는 수는 부족수야. 8로 예를 들어 볼까? 8은 진약수 1, 2, 4를 더했을 때 7이 돼. 진약수의 합이 8보다 작지. 이런 게 부족수야. 부족하다니까 왠지 안 좋아 보이네. 예수의 제자 중 의심이 많았던 도마가 그 자리에 있어. 예수 왼쪽에서 여덟 번째 자리에.

열두 제자를 나타내는 12는 진약수 1, 2, 3, 4, 6을 더했을 때 16으로 12보다 커져. 이런 수는 과잉수야. 완전수, 부족수, 과잉수라는 말은 오늘날 수학에서는 사용하지 않아. 그냥 그런 게 있었나 보다 싶네.

카를 프리드리히 가우스

위대한 수학자 이야기

1777년-1855년

카를 프리드리히 가우스, 왠지 이름도 멋져. 가우스는 3대 수학자 중 한 사람이야. 앞서 언급한 천재 수학자들처럼 가우스도 아주 어렸을 때부터 수학에 관한 재능이 많았어. 다섯 살 무렵에 아버지가 잘못한 계산을 바로잡을 정도였다니 말 다했지 뭐. 열 살 때는 1부터 100까지 더하는 계산을 순식간에 해내는 등차급수의 공식을 생각해 냈다고 해. 가우스는 그렇게 10대부터 다양한 수학 공식을 만들었어. 24세에는 소행성 케레스의 궤도를 계산해서 자신의 이름을 유럽에 널리 알렸지. 가우스는 정교하고 치밀하며 논리적이었어.

가우스는 자신이 알아낸 결과를 발표하는 데도 무진장 신경 썼어. 완벽주의자라고나 할까? 만족할 만큼 연구하지 않은 내용은 발표도 하지 않았기 때문에 가우스가 살아생전 했던 연구들은 잘 알려지지 않았어. 가우스는 자기가 한 많은 연구를 아주 친한 친구에게만 말했다고 해. 가우스가 이미 한 연구를 한참 뒤 다른 학자가 발표한 일도 있었고. 그러니까 일단 발표하라니까!

카를 프리드리히 가우스

4

컴퓨터, 수학으로 생각하다

1. 컴퓨터의 언어

0과 1

컴퓨터는 사람이 하면 오랜 시간이 걸리는 어려운 계산도 빠른 시간 안에 척척 순식간에 해내. 고 녀석 참 머리가 좋네. 도대체 무슨 수를 쓰는 걸까? 당연히 복잡하고 어려운 수학 공식을 쓸까? 아니, 사실 컴퓨터는 이진법을 기본으로 작동해. 뭐야, 나보다도 못한 거야? 아, 컴퓨터는 엄청나게 빠르지. 절대 안 틀리고. 나보다 낫네, 쿨럭.

십진법을 사용하는 우리는 0부터 9까지 사용해. 이진법을 사용하는 컴퓨터는 0과 1만 사용하고. 컴퓨터는 왜 이진법을 쓰는 걸까? 컴퓨터니까 한 백진법 정도는 써야 하는 거 아니야?

그 이유는 바로 전기 때문이야. 컴퓨터는 전기로 돌아가는 기계잖아? 전자 회로는 이진법을 사용해야 틀리지 않아. 전기가 흐를 때는 0, 흐르지 않을 때는 1로 하는 거지. 전압은 때에 따라 변하기 때문에 전기가 흐르는 양으로 수를 정하면 시도 때도 없이 틀릴 수 있어.

전압이 변해도 일단 전기가 흐르면 1, 흐르지 않으면 0. 그럼 틀릴 일이 없지! 그런데 말이야, 단순한 이진법으로 복잡한 프로그램을 만들기 위해서는 수학이 필수야. 결국 컴퓨터는 수학을 풀어내는 기계라고 할 수 있어. 수학이 없으면 컴퓨터도 없다! 그림을 그릴 때도, 글을 쓸 때도, 게임을 할 때도 컴퓨터는 전부 0과 1을 이용한 수학적 계산으로 처리해.

초창기 컴퓨터, 계산기

세계 경제의 규모가 급성장하자 계산할 양도 크게 늘고 시간이 너무 오래 걸리기 시작했어. 틀리는 일도 잦았지. 이 문제를 해결하기 위해 인간 대신 빠르게 계산할 기계가 필요했어.

프랑스 북서부의 루앙이라는 도시에서 세무 감독관으로 일하는 사람이 있었어. 그 감독관은 관리해야 할 세금의 양이 너무 많아서 항상 골치를 썩고 있었지. 밥 먹고 잠잘 시간도 아껴 가며 계산을 했지만 일은 너무 많고 시간은 늘 부족했던 거야. 고된 업무에 점점 말라가는 세무 감독관을 안쓰럽게 바라보던 그의 아들이 나섰어.

파스칼

그가 바로 프랑스의 수학자, 블레즈 파스칼1623년-1662년이야.

1645년, 파스칼은 덧셈과 뺄셈을 할 수 있는 기계식 수동 계산기인 파스칼린을 만들었어. 파스칼린은 작은 상자 위에 톱니바퀴가 한 줄로 이어져 있는 모양인데, 첫 번째 바퀴가 열 차례 움직여 한 바퀴 돌면, 옆의 바퀴가 하나 올라가는 방식이었어. 오, 십진법을 썼네?

하지만 이 계산기는 프랑스에서 크게 인기를 끌지 못했어. 당시 프랑스 화폐 12데니어가 1솔이었고 20솔이 1리브르였는데, 이렇게 프랑스에서는 십이진법과 이십진법을 주로 사용했기 때문이야. 하지만 시간이 흘러 파스칼린은 유럽에 널리 알려졌고 이후 전 세계에서 새로운 계산기가 속속 만들어지기 시작했어.

파스칼린(1652년 제품)

1671년에는 독일의 철학자이자 자연과학자인 라이프니츠1646년-1716년가 덧셈과 곱셈은 물론 뺄셈과 나눗셈까지 가능한 계산기를 만들었어. 파스칼린처럼 톱니바퀴 방식이었는데, 중앙 원통과 그 주변에 길이가 다른 막대 모양을 한 톱니가 있었어. 그런데 이 계산기는 사용하기도 어렵고 틀리는 일도 많아서 널리 알려지지는 못했어.

라이프니츠가 만든 계산기는 1879년까지 괴팅겐 대학 다락방에 처박혀 있었어. 아이고, 다락이라고 하니 슬프네……. 라이프니츠는 뉴턴과 함께 미적분을 발견한 것으로도 유명하지만 가난하게 살다가 죽었어. 하지만 그가 생각한 이진법 방식은 오늘날 전자식 컴퓨터에 큰 영향을 끼쳤지.

고트프리트 빌헬름 라이프니츠

라이프니츠가 만든 단계 계산기

찰스 배비지

영국의 수학자 배비지 1792년-1871년가 구상한 계산기야말로 현대 컴퓨터의 시초라 할 수 있어. 1822년, 배비지는 함수를 계산하기 위한 차분 기관을 고안했어. 차분 기관은 25,000개의 부품이 들어가고 무게는 15톤이나 될 정도야! 멋지지? 그런데 말이야, 배비지는 이 기관을 설계하기는 했지만 직접 만들지는 못했어. 돈도 많이 들고 당시 기술로는 만들기가 어려웠거든.

1833년, 배비지는 차분 기관보다 진보한 계산기를 구상했어. 카드에 구멍을 뚫어 기록한 명령을 받아 수행하는 해석 기관이었지. 하지만 해석 기관 또한 만들지는 못했어. 시도는 했는데, 조금 만들다가 배비지가 그만 세상을 떠났지 뭐야. 이 계산기는 규모가 워낙 커서 만들기가 어려웠어. 톱니바퀴를 돌리는 데 증기 기관을 이용했어야 할 정도니까.

해석 기관은 현대 컴퓨터의 시초라 할 수 있어. 완성했다면 최초의 컴퓨터라고 불렸을지도 몰라. 해석 기관을 생각해 낸 것만으로도 배비지는 컴퓨터의 기초를 다진 사람으로 인정받아.

The Analytical Engine

찰스 배비지가 설계한 해석 기관

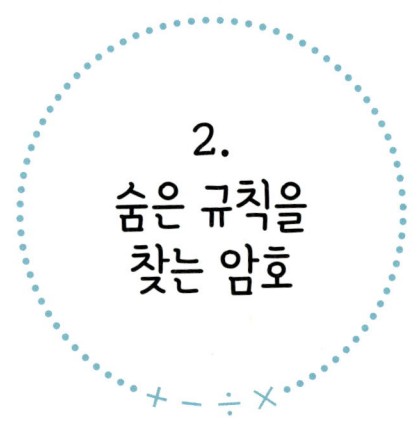

2. 숨은 규칙을 찾는 암호

전쟁과 암호

방 탈출 게임 해 봤니? 문이 잠긴 방에서 단서를 찾아 빠져나가는 게임이야. 방에 들어갈 때 암호문을 주는데, 이 암호문을 그냥 보면 무슨 소린지 도대체 알 수가 없어. 하지만 숨은 규칙을 찾으면 문제를 해결할 수 있지.

우리가 생활하면서 일상적인 말로 주고받는 정보를 평문이라고 해. 그 평문에 어떤 규칙을 적용해서 다른 사람이 쉽게 알 수 없도록 만들면 그게 바로 암호문이 되는 거야. 암호문을 만들 때의 '규칙'이 바로 중요한 포인트야. 그 규칙을 알면 원래 말하고자 한 내용을 알 수 있거든.

평문을 암호문으로 바꾸는 것을 '암호화'라고 해. 암호문을 다시 평문으로 돌려놓는 것을 '복호화'라고 하지. 영화를 보면 종종 암호를 알아내기 위해 애쓰는 등장인물들을 볼 수 있는데, 이렇게 암호문을 만들 때 사용한 규칙을 모르는 상태에서 그 규칙을 풀고 내용을 알아내는 과정을 '암호 해독'이라고 해.

암호의 역사

특정한 정보를 교환하기 위한 암호는 기원전부터 있었어. 암호는 주로 전쟁 중에 많이 만들어졌는데, 작전이나 아군의 상황을 적에게 들키지 않게 하려고 암호를 사용했지. 암호의 역사는 세 시기로 나눠 볼 수 있어.

1세대 암호는 고대 그리스 때부터 19세기 말까지 사용한 암호야. 1세대 암호 중에 가장 먼저 사용된 것은 전치 암호인데, 글자 위치를 이리저리 바꾸는 암호지. 기원전 400년경 스파르타에서도 사용했어. 전치 암호로 다음 문장을 바꾸어 볼까?

적군이 나흘 뒤 수도를 공격할 예정이다.

일단 띄어쓰기 한 곳을 다 붙여. 그리고 나서 네 글자에 한 번씩 줄 바꾸기를 해.

적군이나

흘뒤수도

를공격할

예정이다

그 다음, 세로 첫 줄부터 순서대로 한 줄로 적어 봐.

적흘를예군뒤공정이수격이나도할다

이런 암호를 쉽게 사용하기 위해 '스키테일'이라는 것을 나누어 가

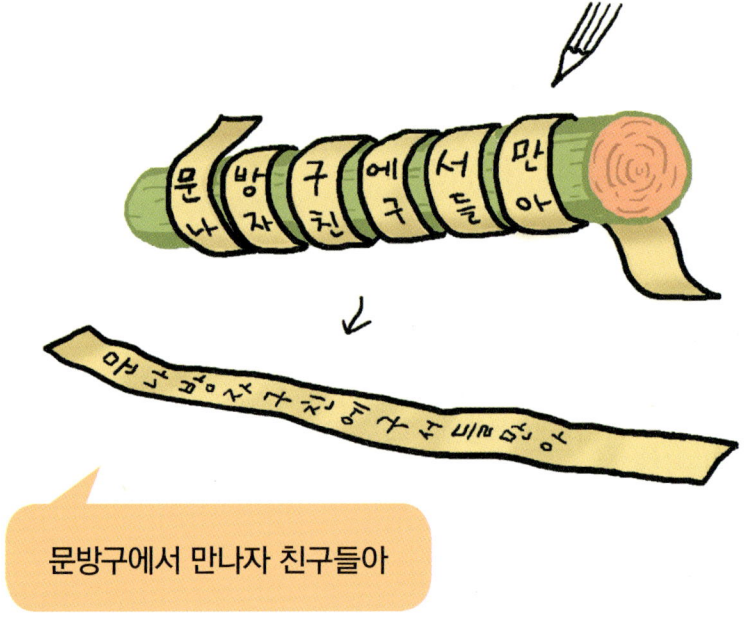

문방구에서 만나자 친구들아

졌어. 스키테일은 원통형 막대를 가리키는데, 같은 편의 스키테일은 그 굵기가 같아. 길고 가늘게 자른 긴 양피지에 전치 암호를 적은 다음 그 양피지를 스키테일에 감으면 어떤 뜻인지 알 수 있지.

1세대 암호 중에는 이동 암호라는 것도 있어. 고전 암호 중에서도 유명하지. 로마의 카이사르가 사용했거든. A를 알파벳 순서로 네 번째에 있는 D로, B는 그다음 E로 대응시키는 식이야. 이 예에서는 4가 암호를 푸는 열쇠야.

이동 암호는 하나씩 이동시켜서 말을 만들어 보면 답이 나와. 어느 순간 단어와 문장이 완성되니까. 뭐야, 이거 너무 쉽잖아? 그

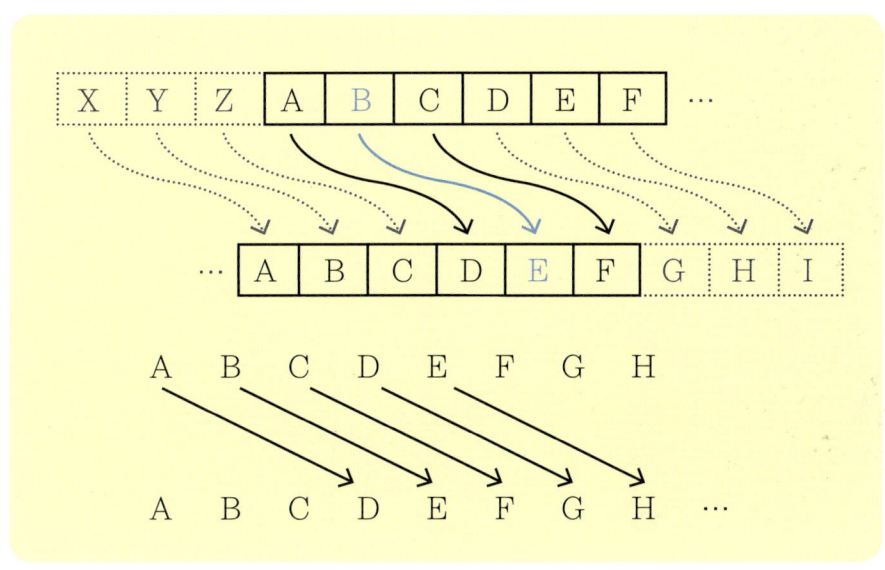

이동 암호

약점을 대입 암호로 해결했어. 대입 암호는 알파벳을 앞이나 뒤로 이동시키지 않아. 그냥 한 글자를 다른 글자로 바꾸어 쓰지.

대입 암호도 단점이 있어. 뭘까? 알파벳 26개 중에 자주 사용하는 E 같은 단어와, 거의 사용하지 않는 Q나 Z 같은 단어를 분석하면 암호를 해독할 수 있지 뭐야. 16세기 프랑스 암호학자 비게네르 1523년-1596년가 그 문제를 해결했어. 그가 만든 암호는 알파벳 한 글자를 다른 알파벳 여러 가지로 바꾸는 방식이었어.

2세대 암호는 1세대보다는 해독하기 어려워졌어. 2세대 암호는 20세기 초부터 제2차 세계 대전까지 사용한 암호야. 두 차례 세계 대전이 일어나면서 암호는 급속도로 발전했어. 지금처럼 정보 통신이 발달하지 못했기에 사람이 직접 정보를 전달했거든. 주로 첩보원이 말이야.

암호 해독이 얼마나 중요하냐면 말이지, 제2차 세계 대전 때 독일의 암호를 해독해서 연합군이 승리해. 당시 독일은 에니그마라는 장치로 암호를 만들었어. 에니그마Enigma는 독일어로 '수수께끼'라는 뜻이야. 그 암호는 해독하기가 너무 어려워서, 연합군

에니그마

은 암호 해독을 거의 포기한 상태였어.

그때 앨런 튜링1912년-1954년이 활약해. 튜링은 영국에서 암호 해독을 하던 사람이야. 튜링은 콜로서스라는 장치를 만들어서 에니그마로 만든 암호를 해독하는 데 성공하지. 콜로서스는 수학 계산을 아주 빠르고 정확하게 했어.

콜로서스로 암호를 해독한 영국은 독일의 절대 무적 전함이었던 비스마르크 호가 있는 곳을 찾아내서 침몰시켰어.

독일도 질 수 없었어. 독일은 연합군이 프랑스 칼레 해안을 공격할 것이라는 정보를 입수하고 그곳을 공격해 전멸시키려고 했지. 그런데 말이야, 사실 그 정보는 독일군을 칼레 해안에 모이게 하려고 연합군이 거짓으로 흘린 가짜였어. 연합군은 독일군이 칼레 해안으로 이동한다는 암호를 콜로서스로 분석했어. 연합군은 칼레 해안 대신, 방비가 소홀해진 노르망디를 공격하지. 이름하여 노르망디 상륙 작전! 작전에 성공한 연합군은 전세를 역전시키고 승기를 잡았어. 약 1년 뒤인 1945년 5월에 독일은 결국 항복을 선언했고 그 석 달 뒤인 8월 15일에는 일본도 항복하고 우리나라는 광복을 맞이해.

세계 대전을 연합군의 승리로 이끈 콜로서스! 콜로서스는 비공식

앨런 튜링

세계 최초의 컴퓨터야. 프로그래밍이 가능한 최초의 디지털 컴퓨터였지. 공식적인 세계 최초의 컴퓨터, 미국의 에니악보다 콜로서스가 2년 먼저 만들어졌어.

콜로서스는 그 존재 자체가 영국의 국가 기밀이어서 비밀에 부쳐졌다가 1970년에야 세상에 알려졌어. 콜로서스를 만든 튜링은 수학 천재였어. 어릴 때 배우지도 않고서 미적분 문제를 풀 정도였지. 한 명의 수학자와 그가 가진 수학 지식이 독일과 일본으로부터 세계를 구하는 데 큰 역할을 한 거야.

오늘날은 3세대 암호를 사용해. 3세대 암호는 고급 수학을 적용해 컴퓨터로 만들어. 매우 정밀하고 복잡하지. 수학의 여러 분야 중에 암호학이 있을 정도야. 암호학은 정수론, 그래프 이론, 확률론, 타원 곡선 등 복잡한 수학 이론을 기본으로 하지. 아이고, 이름만 들어도 어렵네.

이제 암호는 군사적인 목적뿐만 아니라 생활 곳곳에서 쓰이고 있어. 인터넷, 전자 우편, 은행 거래, 신용 카드, 제품 번호 등등 우리 생활 깊숙이 암호가 들어와 사용되고 있지.

그런데 국가나 사회, 개인의 중요한 정보를 지키는 데 쓰이는 이 암호를 올바르지 않은 일에 사용하는 사람들도 있어. 인터넷으로 은밀히 접근한 다음 다른 사람 컴퓨터에 있는 파일을 암호화시켜 버리는 거지. 나쁜 사람들 같으니! 많은 돈을 주면 암호를 풀어 준다고 하지만 실제로는 자기들도 제대로 못 풀어. 대충 흉내만 내는 거지.

다른 사람에게 칼을 들이대며 강도질을 하지 않기에 죄의식이 덜한 건지는 모르겠지만, 그들은 결국 정보를 인질로 돈을 요구하는 범죄자일 뿐이야.

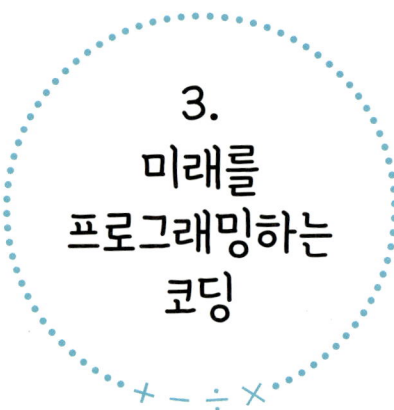

3. 미래를 프로그래밍하는 코딩

코딩과 알고리즘   미국 대통령이었던 버락 오바마는 코딩이 국가의 미래라고 했어. 오잉? 애플사의 창업자 스티브 잡스는 사고력을 기르기 위해 코딩을 배워야 한다고 했지. 오호? 마이크로소프트를 설립한 빌 게이츠는 코딩이 생각을 깊게 만들어 주며 문제를 해결하는 힘을 길러 준다고 했고. 우와! 도대체 코딩이 뭐기에?

코딩은 컴퓨터로 프로그램을 만드는 일이야. 컴퓨터나 휴대 전화를 작동시키는 프로그램일 수도 있고, 자동차, 비행기, 세탁기, 청소기, 신호등에 들어가는 프로그램일 수도 있지. 엘리베이터를 작동시키는 버튼에도 코딩이 들어가. 몇 층으로 갈지, 올라가거나 내려가는 순서는 어떻게 할지도 모두 사람이 코딩할 때 정하는 거야.

컴퓨터는 0과 1을 사용한다고 했잖아? 컴퓨터가 알아들을 수 있는 기계어도 0과 1로 이루어져 있어. 사람이 이진법으로 된 기계어로 프로그램을 만들기란 거의 불가능해. 사람은 기계어 대신 컴퓨터 언어, 예를 들면 C언어, JAVA, 파이썬, 오브젝티브C 같은 것으로 코딩하지.

컴퓨터 언어는 보통 숫자와 영어, 수학 기호로 이루어져 있어. 컴퓨터 언어로 코딩한 뒤 컴파일러라는 프로그램으로 변환해. 그럼 컴퓨터가 알아볼 수 있는 기계어로 바뀌는 거야. 코딩에서는 얼마나 논리적으로 프로그램을 구상하고 다양한 요소를 체계적으로 배치할 수 있느냐가 중요해. 코딩하다 보면 여기저기 잘못된 부분에서 막히거든. 그럴 때는 수학적 지식을 바탕으로 문제를 해결해야 해.

코딩하기 전 구상하는 작동의 순서 배열이 알고리즘이야. 알고리즘은 인도-아라비아 숫자에 관한 기록을 남긴 수학자인 알 콰리즈미의 이름에서 따온 단어지. 알고리즘은 코딩의 지도와도 같아. 어떤 일을 먼저 할지, 잘못되었을 때 어느 부분으로 돌아갈지 등을 한눈에 볼 수 있어. 알고리즘을 명확하게 해 주어야 프로그램이 제대로 작동해. 그렇게 코딩해서 만든 프로그램은 수학적으로 완결된 구조를 갖지.

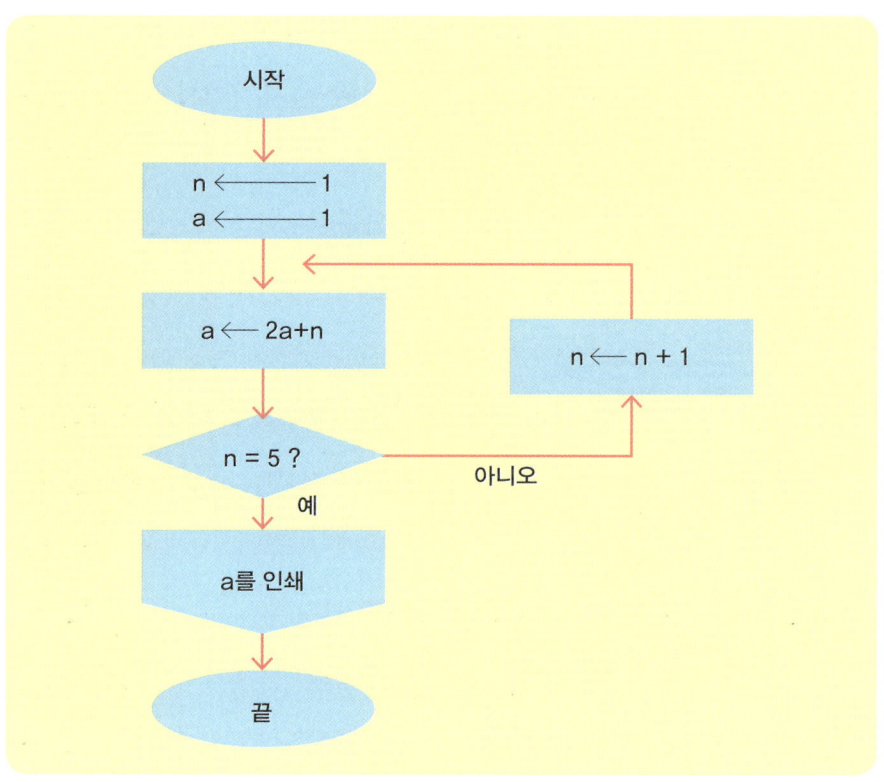

알고리즘 순서도의 예

코딩과 인공 지능   옛날에는 뭐든 사람이 직접 했어. 땅을 갈아 농작물을 거두고, 옷을 만들 천도 사람이 짰지. 그런데 과학과 기술이 발전하면서 기계가 점점 그 자리를 채워 나갔어. 아하, 그럼 이제 머리만 잘 쓰면 되겠군!

기계가 사람의 노동력을 대신하면서 많은 사람이 일자리를 잃었어. 산업 사회 초기에는 기계 사용을 반대하는 운동이 일어나기도 했지. 자, 힘쓰는 일을 기계가 한다면 다음 차례는 뭘까? 기계가 사람의 생각까지도 대신할 수 있을까?

바둑이나 운전처럼 너무 복잡해서 인간만이 할 수 있다고 생각한 일들을 요즘은 인공 지능이 대신해. 인공 지능은 인간과 유사한 지능인 학습력, 추리력 등의 기능을 갖춘 컴퓨터 시스템을 뜻해. 인공 지능의 바탕이 되는 게 바로 코딩이야. 인공 지능도 코딩으로 만드는 일종의 프로그램이지. 요즘은 여러 국가에서 코딩을 정규 과목으로 채택하고 있어. 반드시 코딩을 전문적으로 하는 프로그래머가 될 필요는 없지만, 코딩을 해 보면서 논리력을 기르고, 프로그램을 만드는 재미를 느껴 보는 것도 좋은 경험이 될 거야.

앞으로 다가올 미래는 인공 지능이 사람을 대신할 수 있는 일들이 점점 더 늘겠지. 인공 지능이 기계를 조종하며 세상을 장악하는 거 아닐까? 그런 걱정은 안 해도 될 거야. 사람의 공감 능력은 아직 인공 지능 같은 프로그램이 따라 하기가 어렵거든. 공감! 바로 상대방의 감정을 함께 느끼는 일 말이야.

기술이 발전하면 정교한 컴퓨터 프로그램이 들어가는 고도의 장치가 계속 개발되겠지. 대부분의 일은 기계가 하고 사람은 컴퓨터 앞에 앉아 잘못된 부분만 코딩으로 수정하면 될지도 몰라. 이걸 좋아해야 하나, 말아야 하나.

위대한 수학자 이야기

라마누잔

1887년-1920년

인도-아라비아 숫자만 보아도 알 수 있지만, 인도는 수학이 아주 발달한 나라야. 유명한 인도 수학자들이 몇 있지만 그중에서도 라마누잔은 손꼽히는 수학자야. 라마누잔은 1887년 남인도의 작은 마을에서 태어났어. 인도는 신분 계급이 철저하게 나뉘어 있어. 지금도 높은 계급 사람이 최하층 계급 사람을 살해해도 흐지부지 넘어가는 일이 있을 정도지. 그러니 그 옛날에는 어땠겠어. 라마누잔은 최상위 계급이었지만 집안이 무척 가난해서 학비를 낼 수 없었어. 그래서 주로 혼자서 공부했는데, 꿈속에서 여신이 나타나 수학을 가르쳐 주었다고 해. 믿거나 말거나.

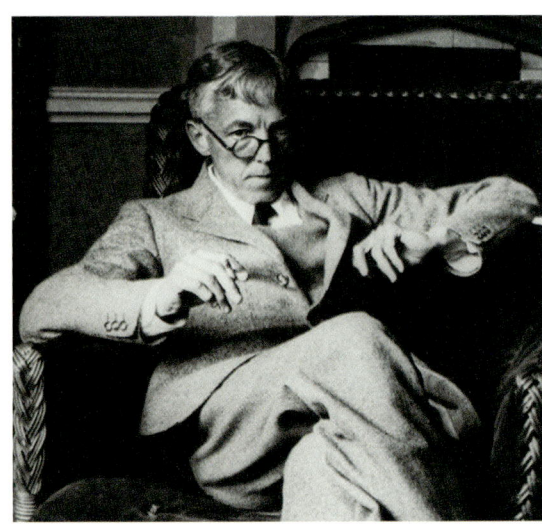

고드프리 해럴드 하디

라마누잔

1913년, 라마누잔은 케임브리지 대학 교수였던 하디(1877년-1947년)에게 편지를 보냈어. 하디 교수는 당시 영국 최고의 수학자였지. 라마누잔의 편지를 읽은 하디 교수는 놀라움을 금치 못했어. 편지에는 라마누잔이 연구한 120개의 수학 공식이 있었어. 그중 새롭고 특별한 공식도 있었지.

하디 교수는 라마누잔을 영국으로 불렀어. 라마누잔도 무척 가고 싶었지만 당시 어머니가 반대를 했어. 이 문제 역시 여신이 해결해 주었다고 해. 라마누잔의 어머니 꿈속에 여신이 나타나서 아들을 영국으로 보내야 한다고 어머니에게 말했다는 거야. 역시 믿거나 말거나.

영국에 간 라마누잔은 케임브리지 대학에서 학위를 받고 영국 학술원 회원까지 되었어. 하지만 안타깝게도 그곳에서 결핵에 걸려 서른세 살 젊은 나이에 세상을 떠나고 말지.

라마누잔은 정수론에 큰 업적을 남겼어. 정수론은 수의 성질에 관한 수학이야. 라마누잔이 죽은 뒤 수십 년이 지난 1976년, 그가 죽기 전 연구했던 내용이 발견되었어. 바로 《라마누잔의 잃어버린 노트》야.

5

무한함을 예측하다

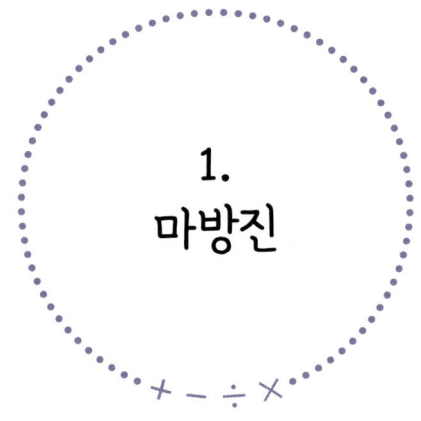

1. 마방진

    고대 중국 하나라 기원전2070년경-기원전1600년경 때의 일이야. 홍수 때 황허강이 범람하지 않도록 사람들이 제방을 쌓고 있었어. 근데 멀리서 솥뚜껑 같은 게 둥둥 떠내려오는 거야. 솥뚜껑이 헤엄을? 아니, 거북이잖아? 사람들이 거북을 잡고 보니 거북 등에 이상한 점 무늬가 있네? 그 점의 개수는 1부터 9까지의 숫자와 같았는데 가로, 세로로 세 개씩 모두 9개로 가로, 세로, 대각선 어느 방향으로 더해도 합이 15가 되었어. 놀랍도다!

    마방진은 큰 정사각형 안에 작은 정사각형이 똑같이 나열되어 있고 칸마다 서로 다른 자연수가 들어 있어. 신기하게도 가로, 세로, 대각선으로 숫자들을 더했을 때 모두 같은 숫자가 나와. 꼭 마술 같아서 마방진이지!

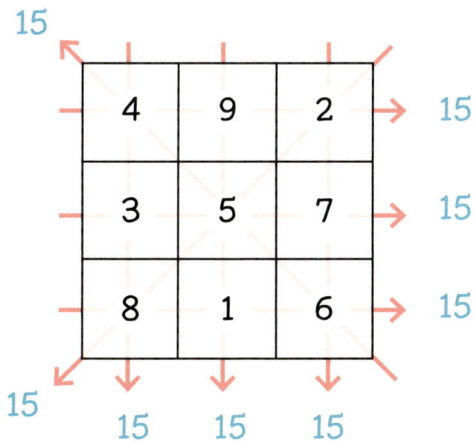

어느 방향으로 더해도 합이 15가 되는 마방진

에스파냐 바르셀로나에 위치한 사그라다 파밀리아 성당에는 어느 방향으로 더해도 33이 되는 마방진이 있어. 이는 예수가 살았던 33년의 삶을 나타낸다고 해. 우리에게 알려진 마방진에서는 같은 숫자를 쓰지 않지만, 이 성당의 마방진에는 10과 14가 두 번씩 들어가 있어. 두 번씩 들어간 수를 더하면 48이 돼. 이는 'INRI'의 알파벳 순서를 더한 합과 같아. INRI는 '유대인의 왕 나사렛의 예수'를 뜻하지.

예로부터 여러 문명에서 마방진에는 신비한 힘이 있다고 생각했어. 마방진에 있는 마술적인 힘이 질병을 예방하고 장수하게 해 준다고 믿거나, 태양계의 여러 행성과 연결지어 풀이하기도 했어.

파밀리아 성당 마방진

5장 무한함을 예측하다

2.
단위 분수

고대 그리스 신화는 우리에게도 아주 잘 알려져 있어. 그리스 신화를 따라 만든 로마 신화도 있지. 신들 이름만 살짝 바뀌었고 내용은 비슷해. 신들의 왕 제우스가 주피터고, 미의 여신 아프로디테가 비너스고, 뭐 그런 식으로 말이지.

이집트 신화도 널리 잘 알려진 신화 가운데 하나야. 이집트 신화를 바탕으로 만든 〈갓 오브 이집트〉라는 영화가 있어. 이 영화에는 고대 이집트의 다양한 신들이 등장하는데, 그중에서 태양신 호루스가 주인공으로 나와. 내용은 대충 이래.

왕자인 호루스가 왕위를 물려받는 날이었어. 신과 인간 모두가 환호했지. 그때, 음산한 기운이 돌면서 호루스의 작은아버지가 나타나. 그는 바로 어둠의 신 '세트'였어. 주인공이 신이니까 작은아버지도 신이었나 봐. 야망이 컸던 세트는 자기 조카인 호루스의 왕좌를 빼앗고 호루스의 왼쪽 눈을 뽑아 산산조각 낸 다음 이집트 여기저기에 갖다 버려. 덜덜덜… 신이라서 뭐 피가 나고 하진 않았을 테니까 그리 무서워하지 않아도 돼.

우여곡절 끝에 호루스는 힘의 원천인 눈을 되찾아. 그리고 친구들의 도움으로 작은아버지인 세트를 물리치고 다시 신들의 왕이 된다는 게 영화의 내용이야. 영화에서 호루스는 자신의 눈이 자기 힘의 원천이라고 생각했어. 몸이 천 냥이면 눈은 구백 냥 정도의 가치로 여긴 거지.

이집트인들은 태양신 호루스가 매의 머리에 인간과 같은 몸을 가졌다고 생각했어. 이집트인은 하늘이 거대한 매의 얼굴이라고 여겼고, 해와 달은 매의 눈이라고 생각했지. 이집트의 고대 신전과 무덤에 호루스의 눈을 표현한 그림이 있는데, 날카로운 매의 눈으로 그려져 있지.

고대 이집트인은 호루스의 눈 전체를 1로 놓고, 여섯 부분으로 나누었어. 왜 작은아버지 세트가 눈을 산산조각 냈잖아? 아무튼 호루스 눈의 나누어진 각 부분은 인간의 여섯 가지 감각을 의미해. 촉각, 미각, 청각, 생각, 시각, 후각. 특이한 점은 부위마다 대응하는 분수가 있다는 거야.

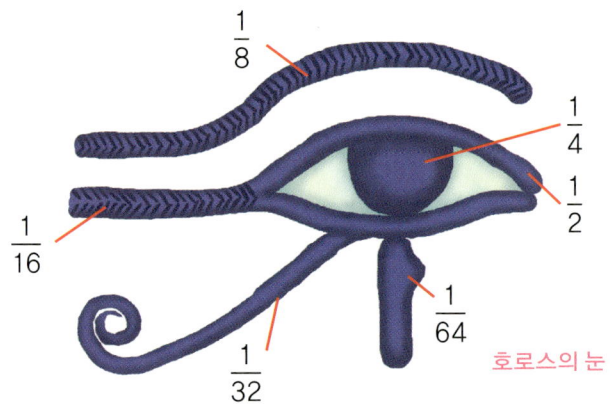

호로스의 눈

그림	݇	ࣰ	࠾	࠿	○	ࡀ
분수	$\frac{1}{64}$	$\frac{1}{32}$	$\frac{1}{16}$	$\frac{1}{8}$	$\frac{1}{4}$	$\frac{1}{2}$
의미	촉각	미각	청각	생각	시각	후각

1. 대지에 뿌리를 내린 식물을 형상화한 부분은 $\frac{1}{64}$을 차지한다. 대지는 촉각이며 흙을 만졌을 때의 느낌과 같다.
2. 싹이 튼 곡식은 $\frac{1}{32}$을 차지한다. 식량인 곡식은 미각을 나타낸다.
3. 귀와 닮은 부분은 $\frac{1}{16}$을 차지한다. 귀는 듣는 곳이므로 청각이다.
4. $\frac{1}{8}$을 차지하는 눈썹은 생각을 나타낸다.
5. $\frac{1}{4}$을 차지하는 둥근 눈은 시각을 나타낸다.
6. 코를 표현한 삼각형 부분은 $\frac{1}{2}$을 차지하며 냄새를 맡는 후각을 나타낸다.

응? 그러고 보니 분자가 다 1이네? 이집트인은 분자가 1이고 분모가 1보다 큰 '단위 분수'를 중요하게 여겼어. $\frac{1}{2}, \frac{1}{3}, \frac{1}{4}, \ldots\ldots, \frac{1}{16}\cdots$처럼 분자가 1인 분수를 단위 분수라고 해.

호루스의 눈 여섯 부분의 분수를 모두 합하면 $\frac{63}{64}$이야. 1이 채 못 되네? $\frac{64}{64}$가 되어야 1이니까. 왜 완전한 1이 아닐까? 이집트인들은 부족한 $\frac{1}{64}$을 지식의 신 토트가 채워 준다고 여겼어. 신의 일자리까지 챙기는 배려를…… 신화에서 조각난 호루스의 눈을 토트가 찾아주거든. 너도 한몫했다 이거지.

고대 이집트인은 호루스가 파라오를 수호한다고 믿었어. 호루스의 눈은 곧 왕의 권력을 나타내는 상징이었지. 중요한 만큼 단위 분수로 나누어 하나하나 의미를 둔 거야.

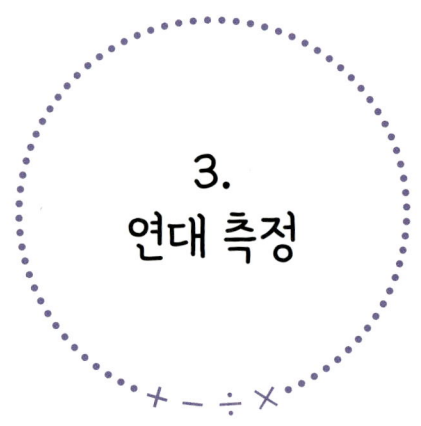

3. 연대 측정

 우리는 수학적 계산으로 유적, 유물, 암석, 화석 등이 언제 만들어졌는지 알 수 있어. 와우, 정말? 어떻게? 바로 연대 측정으로! 연대 측정 방법에는 10여 가지가 있어. 대부분 방사성 원소의 반감기를 이용해. 넌 왜 내게 반감을 보이냐? 그런 안 좋은 감정을 뜻하는 반감을 말하는 건 아니고…… 여기서 반감기란, 반으로 줄어드는 시간을 말한단다.

 불안정한 상태인 방사성 물질은 스스로 붕괴해. 무슨 소리일까? 물질을 이루는 가장 작은 녀석들이 가만있지를 못하고 사방으로 그 입자가 막 튀어 나가는 거지. 아직 철이 안 들었다고나 할까? 나이를 먹고 철이 들면 진중하게 안정된 상태로 가만히 있을 텐데 말이지.

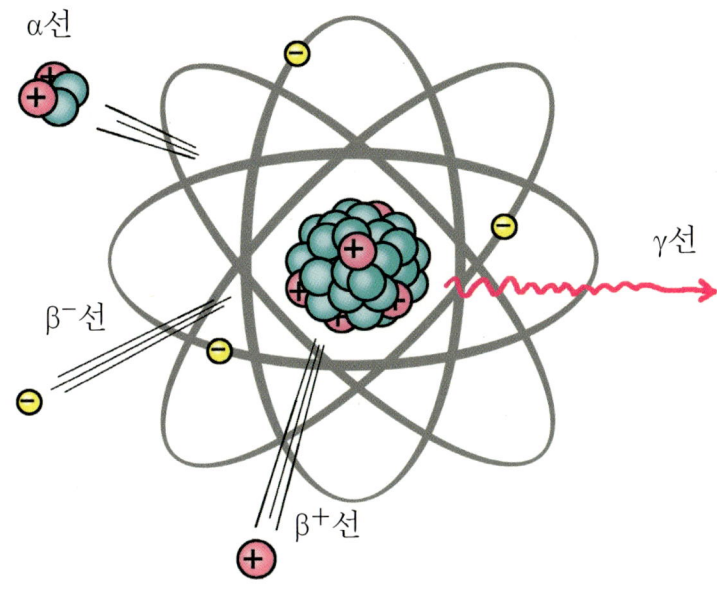

방사선 입자 방출

원자핵이라는 녀석은 입자와 에너지를 계속 뿜어내는데 그걸 방사선이라하고, 방사선의 센 정도를 방사능이라고 해. 방사선의 종류에는 알파선α, 베타선β, 감마선γ이 있어.

방사선은 사람 몸도 그대로 뚫고 지나가면서 인간 세포 속 유전자를 파괴해. 맙소사! 우리가 병원에서 찍는 엑스선도 방사선의 일종인데? 하지만 병원에서 사용하는 엑스선은 아주 약해서 자주 쏘이지만 않으면 괜찮아.

방사선을 뿜어내는 방사성 물질들은 붕괴하면서 다른 종류로 바뀌어. 그 과정에서 천천히 양이 줄지. 밖으로 그렇게 내보내니 줄어들 수밖에. 점점 줄다가 처음 양의 절반이 되는 시간, 그 시간을 반감기라고 해. 반감기는 수학으로 계산하면 돼. 그럼 사물이 만들어진 시대를 유추할 수 있지.

연대를 측정할 때는 주로 방사성 탄소를 사용해. 탄소는 어디에든 존재하거든. 방사성 탄소는 붕괴하면 질소로 바뀌는데, 그 반감기가 5730년 정도야. 방사성 탄소는 500년부터 5만 년 사이의 연대를 측정하는 데 주로 이용돼.

방사성 탄소는 대기 중에 있는 질소와 중성자가 반응해서 계속 만들어지는데, 이산화탄소와 섞여 지구 대기에 퍼져 나가. 방사성 탄소는 여기저기에 다 있어. 동물과 식물의 몸에도 들어가서 생태계를 순환하지.

식물이 광합성을 하려고 이산화탄소를 흡수할 때, 그 이산화탄소와 함께 방사성 탄소도 식물 속으로 들어가. 그런 다음 그 식물을 먹은 초식 동물의 몸속으로 방사성 탄소가 이동하지. 또 그 초식 동물을 육식 동물이 잡아먹잖아? 그런 식으로 먹이 사슬에 의해 모든 동물의 몸속으로 방사성 탄소가 이동하는 거야.

동물의 몸에 들어간 방사성 탄소는 천천히 붕괴해. 방사성 탄소는 먹이와 공기를 통해 계속 보충되지만 그 동물이 죽으면 공급이 끝나게 되겠지. 죽은 동물의 몸에 남은 방사성 탄소는 5730년이 지나면 붕괴하여 반으로 줄어들어. 남아 있는 탄소의 양을 측정하면 그 동물이 언제 죽었는지 알 수 있어.

 살아 있을 때 100g의 방사성 탄소를 가진 동물이 있다 치자. 오랜 세월이 흘러 그 동물의 뼈를 발견했는데 방사성 탄소량이 50g이라면? 그 동물이 대략 5730년 전에 죽은 거지. 만약 방사성 탄소가 25g만 남았다면? 5730년의 두 배인 11460년 전에 살았던 동물일 테고. 쉽네. 실제로 연대를 측정할 때는 수학의 미분을 이용해서 아주 정확하게 계산할 수 있어.

 공룡의 나이도 이런 방식의 연대 측정법으로 알아냈어. 영화 〈쥐라기 공원〉을 보면 모기를 이용해서 공룡을 부활시킨다는 얘기가 나와. 웬 모기? 호박이라는 광물 속에 갇힌 모기 화석을 이용한 거야. 호박은 투명하고 고급스러운 황토 빛이 나서 반지나 귀걸이, 노

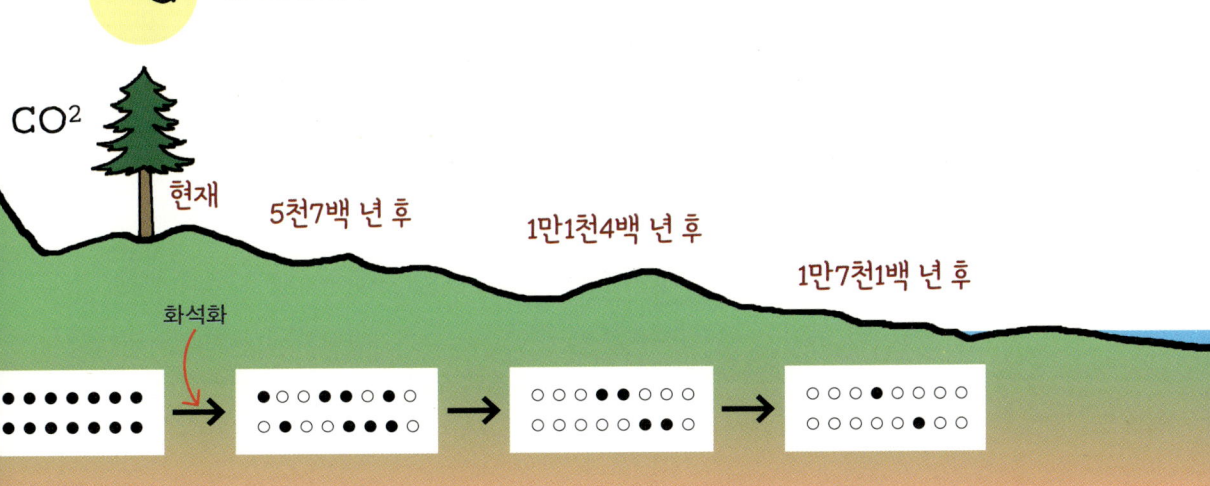

호박 속 모기 화석

리개 같은 장신구를 만들 때 많이 사용하는 광물이야. 나무에서 나오는 진액 같은 것이 굳으면 만들어지는데, 진액이 굳어지기 전에 모기가 그 속에 갇히면서 모기는 원형 그대로 화석이 돼. 그 호박의 연대를 측정해서 1억 년 전 것임을 알아냈고, 그 모기가 빨아먹은 공룡의 피에서 유전자를 채취한 다음, 개구리 유전자와 결합해서 공룡을 복원했다는 게 영화의 설정이었지. 와우, 개구리 공룡인가? 그런 식으로 공룡을 복제해 낸다는 것이 영화 〈쥐라기 공원〉의 내용이야.

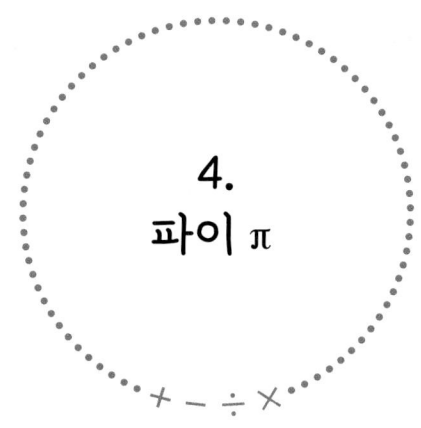

4.
파이 π

파이 하니까 떠올라. 초콜릿이 덮인 그 파이…… 수학에도 파이가 있어. 원주율을 뜻하는 파이π이지. 파이는 원의 둘레원주를 원의 지름으로 나눈 값이야. 원이 지구만큼 크든 사탕만큼 작든 그 값은 항상 3.14로 일정해.

파이를 이용하면 원의 둘레와 넓이를 알 수 있어. 일단 원의 지름을 알아야 해. 지름은 원 둘레의 한 점에서 원의 중심을 지나는 직선이야. 자로 재도 되지. 원의 지름에 파이인 3.14를 곱하면 원의 둘레 길이, 즉 원주가 나와.

원의 넓이도 어렵지 않게 구할 수 있어. 원의 반지름에 반지름을 곱해. 거기서 나온 값에 파이를 곱하면 끝.

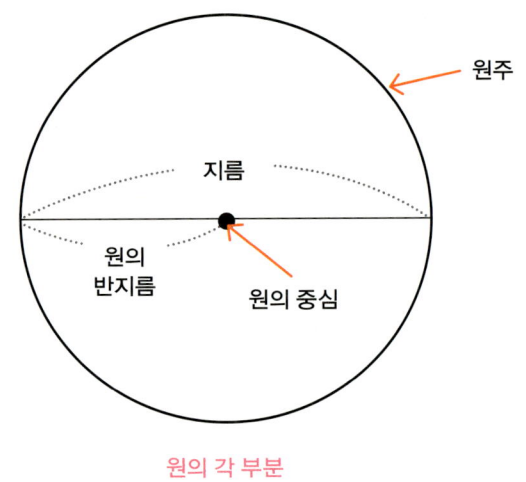

원의 각 부분

파이 값은 3.14라고 했지? 실제로는 3.1415926……로 끝이 없어. 이렇게 정수나 분수로 나타낼 수 없고 숫자가 불규칙적으로 끝없이 계속되는 수를 무리수라고 해. 파이 값이 대표적인 무리수이지. 파이는 그 자체로 상당히 인기가 많아. 파이의 자릿수를 많이 외우는 경연 대회도 있고, 파이를 몇 자리까지 계산할 수 있는지로 컴퓨터의 성능을 따지기도 할 정도니까. 파이 값인 3.14를 날짜로 바꾼 3월 14일을 '화이트데이'가 아닌 '파이데이'라고 부르기도 하니 말 다했지.

파이가 원주율을 기호로 나타낸 거라고 했잖아? 원주율은 고대부터 관심의 대상이었어. 기원전 2000년경, 바빌로니아인은 원둘레가 원의 지름보다 3배 정도 길다는 사실을 알았어. 3.14니까 거의 세 배 맞잖아? 비슷한 시기에 이집트인은 막대와 끈을 이용해서 원주율을 계산하기도 했지.

수학적인 계산으로 원주율을 구한 최초의 인물은 아르키메데스야. 아르키메데스는 $\frac{22}{7}$를 원주율로 사용했어. 놀라워! 소수점 아래 두 번째 자리까지 맞는 값이야. 기원전에 사신 분이 그 값을 알다니, 역시 위대한 수학자야. 실생활에서 원주율을 사용할 때는 소수점 아래 두 자리만 알아도 충분해. 아르키메데스가 상당히 정확하게 원주율을 구했음을 알 수 있지. 파이를 '아르키메데스의 수'라고 부르기도 하는 이유야.

윌리엄 존스

3세기 무렵, 중국 위나라의 수학자 유희가 동양 최초로 원주율을 계산한 기록이 있어. 5세기 무렵 송나라 조충지는 아르키메데스와 비슷한 방식으로 원주율을 구했지. 그는 소수점 아래 여섯 자리까지 정확하게 맞췄어. 중국 뿐만 아니라 인도 수학자들도 파이 값을 구하기 위해 꾸준히 연구했어.

그나저나 원주율을 나타내는 기호 'π파이'는 누가 만들었을까? 윌리엄 존스1675년-1749년라는 영국 수학자가 1706년 자신의 책에서 처음 π를 사용했지. π는 둘레를 뜻하는 그리스어 περί의 첫 글자야.

파이를 대중화하는 데 큰 역할을 한 사람은 스위스 수학자 오일

레온하르트 오일러

러1707년-1783년야. 파이 값이 끝없는 무리수라는 사실은 1768년 독일 수학자 람베르트1728년-1777년가 밝혀냈어. 나아가 독일 수학자 린데만1852년-1939년은 파이 값이 어떤 대수 방정식으로도 표현할 수 없는 초월수라는 사실을 알아냈지.

파이는 건축, 디자인, 컴퓨터, 우주 개발 등 생활 다양한 분야에서 이용돼. 과거부터 오늘날까지 실생활에서 큰 역할을 하는 대표적인 수학 값이 바로 파이야.

페르디난트 폰 린데만

팰림프세스트

파피루스와 종이 외에 기록을 남길 수 있는 것으로 '팰림프세스트'라는 게 있어. 종이가 없던 시절 유럽과 아라비아에서는 소나 양, 새끼 염소 가죽으로 만든 양피지에 글을 적었는데, 양피지는 만들기가 어렵고 그 양도 적어서 아주 귀했지. 기르던 짐승을 한 마리 죽여야 겨우 조금 얻는 정도였으니까. 그래서 이 귀한 양피지에 적힌 내용을 지우고 다른 내용을 덧씌우는 일이 많았어. 이를 팰림프세스트라고 해. 그리스어로 '다시'를 뜻하는 'palin'과 '새긴다'를 의미하는 'psao'가 합쳐서 팰림프세스트 palimpsest가 된 거지.

1906년, 덴마크의 문헌학자 헤이베르가 콘스탄티노플(현재의 이스탄불)에서 중세 기도서가 새겨진 양피지 아래쪽에 희미한 글자가 있는 것을 발견했어. 팰림프세스트를 한 흔적이었는데, 그 내용은 바로 아르키메데스의 〈방법〉이라는 논문이었지. 10세기경 양피지에 옮겨 적은 아르키메데스의 논문 위에 13세기에 이르러 팰림프세스트를 한 거야. 어쩌면 아르키메데스의 논문은 팰림프세스트 때문에 기도서로 바뀌어 오랫동안 보존될 수 있었는지도 몰라.

헤이베르는 미세하게 남아있는 〈방법〉을 일일이 해독했어. 80% 정도의 내용을 해독한 그는 1910년 〈방법〉의 번역본을 출간했는데, 세계 대전이 일어난 뒤 사라졌다가 1998년 뉴욕 경매장에 나타났어. 200만 달러를 내고 그 책을 구매한 수집가는 〈방법〉을 더 완벽하게 복원했어.

〈방법〉은 '역학적 정리에 관한 방법론'이 그 내용이며 아르키메데스의 연구 업적 가운데서도 가장 중요한 논문이야. 최근 미국의 한 연구소에서 잉크를 뚫고 들어갈 수 있

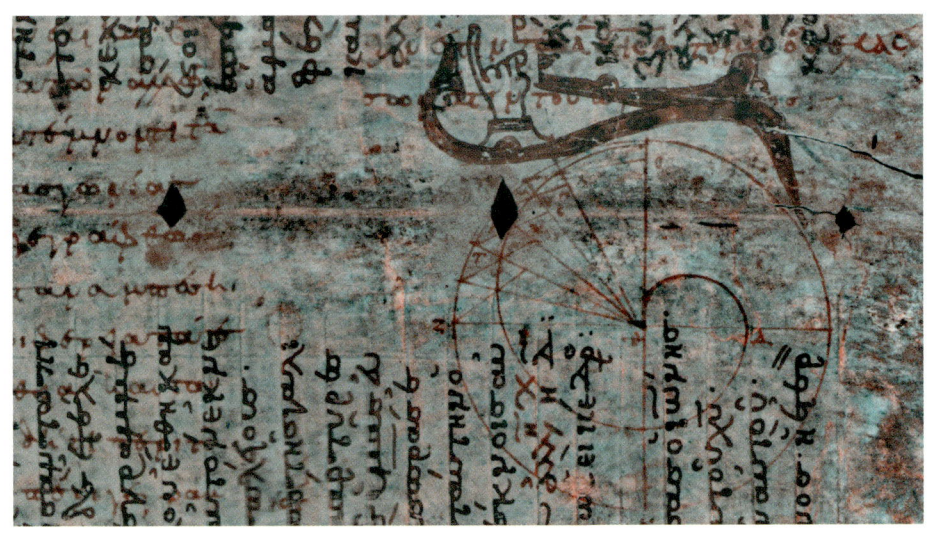

첨단 과학 기술로 복원한 아르키메데스의 책

는 고밀도 엑스선을 이용해서 문자를 판독해 냈어. 양피지에 숨어 있는 글자를 찾아 내기는 했지만 안타깝게도 논문의 내용을 완전히 읽어내지는 못했어. 양피지에 기도서와 그림까지 겹쳐져 있기에 논문 내용만 읽어 내기가 쉽지 않았던 거야.

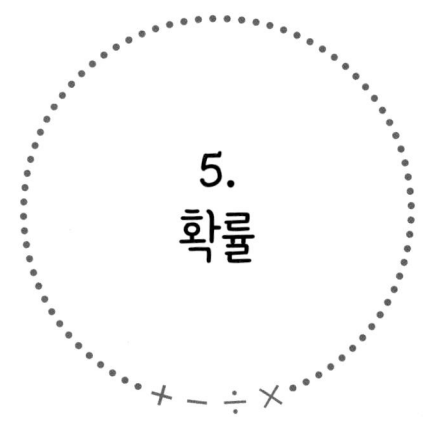

5.
확률

우리가 말판 놀이를 할 때 자주 사용하는 주사위에는 1부터 6까지 숫자가 있어. 그중 3은 주사위를 여섯 번 던졌을 때 한 번 정도 나올 수 있을 거야. 이처럼 어떤 일이 일어날 가능성을 계산하는 게 바로 확률이야. 하지만 모든 일이 반드시 확률대로 일어나지는 않아. 하지만 가능성이 높을수록 그 일은 자주 일어나겠지.

확률을 이용한 대표적인 놀이 도구인 주사위는 언제부터 있었을까? 기원전 3500년 무렵, 주사위로 사용했을 것으로 보이는 양의 뒤꿈치 뼈가 발견되었어. 예부터 인간은 재미있는 걸 좋아했군. 기원전 300년경, 바빌로니아인이 사용한 주사위로 보이는 담황색 도자기가 발견되기도 했어.

우리나라도 빠지지 않아. 신라 시대 유물로 '목제 주령구'가 있어.

면이 열네 개나 되는 14면체 주사위이지. 목제 주령구는 궁중에서 놀이를 할 때 사용했을 것으로 추정돼. 주사위가 재미있는 이유는 뭐가 나올지 모르기 때문일 거야. 기대한 값이 나오면 완전 신나겠지? 만약 주사위를 100번 던져서 1부터 6중에 뭐가 많이 나올지 예상할 방법은 없을까? 확률은 이런 불확실하고 우연한 일을 계산해. 정확함을 추구하는 수학과는 거리가 좀 느껴지네.

주령구 모형 장식품
(국립 민속 박물관)

확률은 16세기 중엽 이탈리아에서 수학으로 인정받기 시작했어. 그 중심에 도박사들이 있었지. 으잉? 수학자가 아니고 도박사? 당시 이탈리아의 베네치아, 피사, 제노바가 항구 도시로 한창 성장해서 도시에 무역하는 사람도 많고 돈이 넘쳐났어. 먹고 사는 문제는 애초에 걱정거리가 아니었기 때문에 남아도는 돈으로 도박하는 이들도 덩달아 늘어났어. 도박을 하면서 무엇에 걸면 더 나은 결과가 나올지 확률에 관심을 두는 사람도 많았지.

그때 지롤라모 카르다노1501년-1576년라는 수학자가 확률론을 만들었어. 그는 밀라노 대학의 수학 교수였는데, 도박을 아주 즐겨 해서 주사위 도박에 관한 논문을 썼다고 해. 그 논문에서 확률로 계산하는 방법이 처음 나와.

확률에 관한 수학은 이탈리아에서 프랑스로 전파되었어. 17세기 프랑스 파리에는 '슈발리에 드 메르'라고 불린 유명한 도박사가 있었어. 본명은 앙투안 공보야. 공보? 이름이 촌스러워서 예명을 쓴 거군. 공보는 수학을 이용해서 도박사로 큰돈을 벌었어. 어느 날 공보가 수학자 파스칼에게 물었지.

"주사위 한 개를 네 번 던져서 6이 나올 가능성이 큰가? 아니면 주사위 두 개를 스물네 번 던져서 두 주사위 모두 6이 나올 가능성이 큰가? 어느 쪽에 돈을 거는 것이 좋은가?"

음, 이러나저러나 많이 던지는 게 좋은 거 아니야? 그 시절 사람들도 그렇게 생각했어. 스물네 번 던지는 편이 네 번 던지는 것보다 유리할 거라고 말이야.

하지만 확률로 분석해 보니 그 생각이 틀린거였어. 주사위 하나를 네 번 던졌을 때 6이 나올 확률은 0.5177……이야. 그에 반해 주사위 두 개를 스물네 번 던졌을 때 동시에 6이 나올 확률은 0.4914……이고. 미세한 차이긴 했지만 사람들은 그제야 알았어. 확률을 계산할 때는 조건을 모두 고려해야 한다는 사실을.

지롤라모 카르다노

파스칼은 그때부터 본격적으로 확률을 연구하기 시작했어. 파스칼은 수학자 페르마와 편지를 주고받으며 도박사 공보가 던진 질문을 함께 연구하기도 했지. 그러면서 확률은 더욱 발전했어. 수학의 확률론은 17세기 페르마와 파스칼에 의해 본격적으로 시작된 거야.

확률의 발달은 0의 발견과 비슷해. 0은 없는 것을 나타내고 확률은 불확실한 것을 다뤄. 0과 확률은 정확함만을 추구하던 수학이 무한함의 세계로 들어가는 데 큰 역할을 했지.

오늘날 확률은 선거 결과 예측, 여론 분석과 같은 정치 분야는 물론, 경제, 기상, 스포츠, 광고 등 다양한 분야에서 폭넓게 활용되고 있어.

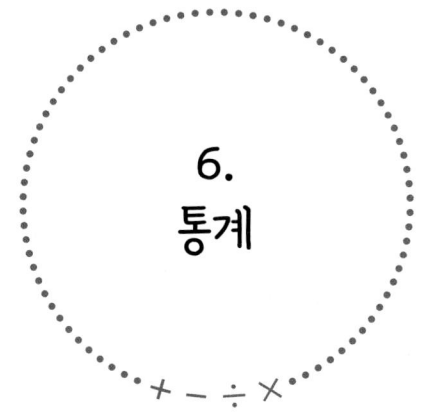

6. 통계

의학이 발달한 요즘은 병에 걸리면 병원에 가서 비교적 쉽게 치료를 받을 수 있어. 하지만 과거에는 병원 치료를 받기도 쉽지 않았고, 전염병 등이 한 번 돌기 시작하면 수많은 사람이 한꺼번에 목숨을 잃는 일이 많았어.

그런데 이런 전염병 때문에 죽는 사람의 수를 줄이는 데 수학의 통계가 큰 역할을 했어! 오, 좀 멋진데? 통계는 먼저 어떤 일에 관한 자료를 모은 다음 거기서 필요한 정보를 뽑아낸 뒤 그 정보를 알기 쉽게 숫자나 표, 그림 등으로 나타낸 데이터야.

병이 일어난 지역과 사망자 수의 기록이 바로 통계의 시작이었어. 17세기 초 런던에서는 연말이 되면 그해에 사망한 사람들에 대한 통계 자료를 조사해 발표했어. 사망자들이 어디서, 어떻게, 왜, 얼

나이팅게일

마나 사망했는지 그 자료를 바탕으로 전염병 예방 대책도 마련했지.

특히 통계를 활용해서 많은 사람의 생명을 구한 사람이 있어. 바로 우리에게도 잘 알려진 나이팅게일1820년-1910년! 하얀 옷의 천사, 간호사로 유명한 분이지. 크림 전쟁이 한창일 때 나이팅게일은 환자들의 생명을 구하려고 동분서주하고 있었어. 하지만 입원한 사람 대부분이 얼마 살지 못하고 죽는 거야. 충분히 살 수 있었지만 상처에 세균이 감염되어 죽는 일이 많았지.

나이팅게일은 병실만 깨끗하게 해도 환자가 살 가능성이 높아진다는 사실을 알았어. 그래서 병원 환경을 깨끗하게 해야 한다고 주장했지만 누구도 그 말에 신경을 쓰지 않았지.

참다못한 나이팅게일이 본격적으로 나섰어. 그녀는 병원을 깨끗하게 바꾸기 위해 수학의 통계를 이용했어. 매달 사망자 수와 사망 원인을 1년 동안이나 기록한 거야. 살 수 있었음에도 사망한 사람의 숫자도 표시해서 그 기록들을 한눈에 쉽게 살펴볼 수 있도록 그래프로 만들었지.

나이팅게일이 만든 그래프는 완벽했어. 영국 정부 관리들은 그

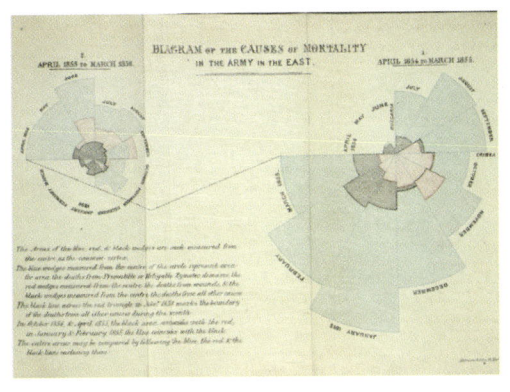 

나이팅게일 그래프

그래프를 보고 무릎을 쳤지. 나이팅게일 덕에 군 병원을 깨끗하게 유지할 수 있는 법이 만들어졌어. 법을 바꾼 수학자여! 병원들의 위생 상태가 좋아지자 입원한 군인의 사망률이 60퍼센트에서 2퍼센트까지 떨어졌어. 환자 100명 중 40명밖에 살리지 못했던 것을 98명이나 살리게 된 거야. 놀랍도다! 진작 나이팅게일의 말을 좀 듣지!

나이팅게일이 만든 그래프는 19세기에 만들어진 최고의 그래프로 평가받아. 결국 그녀는 1859년에 여성 최초로 왕립 통계학회 회원이 되었어.

이후 통계는 다양한 분야에서 널리 이용되고 있어. 의학이나 심리학 같은 분야는 물론 정치, 경영, 기상, 건설 등 셀 수 없이 많은 곳에서 통계를 활용하지.

7. 나비 효과

'카오스'라는 말은 '혼돈'을 뜻해. 레고가 바닥에 이리저리 흩어져 있고, 강아지는 여기저기 뛰어다니며 영역을 표시하고, 식탁에는 컵이 엎어져 우유가 쏟아지고… 그런 혼돈의 상황을 떠올려 봐. 으헉! 생각만 해도 정신없지 않니?

카오스는 우주를 뜻하는 코스모스와 반대야. 조화로운 우주와는 반대로 혼돈으로 가득한 무질서한 상태를 의미하지. 바람의 움직임, 해류의 이동, 세균의 번식처럼 불규칙하면서도 연속적으로 변화하는 것들이 있어. 처음에는 단순해 보이지만 미래를 예측할 수 없는 불안정한 현상, 왜 일어나는지는 알지만 어떻게 될지 예측할 수 없는 변화가 바로 카오스 현상이야. 카오스 이론은 그런 무질서함 속에 어떤 결정적인 법칙이 있음을 밝히지.

카오스 이론을 이야기할 때 나비 효과를 빼놓을 수 없어. 나비 한 마리의 날갯짓에서 일어난 작은 바람이 지구 반대편에서는 태풍을 일으킬 수도 있다는 나비 효과 말이야. 나비 효과는 카오스 이론을 설명하기 안성맞춤이지. 나비의 날갯짓 같은 작은 일의 영향으로 어떤 일이 처음 예측과 완전히 다르게 나타날 수 있는 거야.

카오스 이론은 컴퓨터의 처리 기술이 발달하면서 함께 발전하고 있어. 성능 좋은 컴퓨터를 이용해도 기상을 예측할 때 아주 정확하게 맞지는 않아. 바로 다음 날 일기예보도 틀릴 때가 있잖아.

프랑스 물리학자 루이 나비에1785년-1836년와 영국 수학자 조지 스토크스1819년-1903년는 기상을 예측하는 데 기반이 되는 수학 이론을 연구했어. 바로 나비에-스토크스 방정식이야. 학자들은 이 방정

스토크스

식에 큰 관심을 가졌어. 어떤 수학 연구소에서는 나비에-스토크스 방정식의 비밀을 푸는 수학 공식을 만들면 큰 상금을 준다고도 했어.

학자들이 너도나도 이 방정식을 연구하며 대기권 상층에 관한 여러 비밀이 밝혀졌지. 대기권 상층에서는 공기가 비교적 고르게 움직이고 있는 반면, 지표면 근처에서는 공기가 일정하지 않게 움직여서 날씨를 예측하기 어려웠던 거야.

현대 사회는 인터넷 같은 전달 매체가 크게 발달해서 정보의 흐름이 아주 빠르지. 우리 동네에서 일어난 작은 사건이 순식간에 전 세계로 퍼져 나갈 수도 있어. 카오스 이론은 수학뿐만 아니라 물리학, 생물학, 경제학, 생태학 등 다양한 분야에서 더 나은 미래를 만들기 위해 활용되고 있어.

라플라스의 악마 VS 카오스 이론

1814년, 프랑스 수학자 피에르 시몽 라플라스(1749년-1827년)의 연구에 '라플라스의 악마(Laplace's Demon)'라는 말이 등장해. 라플라스의 악마는 과거와 현재를 모두 알고 있는 상상의 존재야. 미래에 어디에서 어떤 일이 일어날지도 정확히 알고 있다고 해. 과거와 현재를 바탕으로 미래를 안다는 거야.

어느 순간 우주 안에 있는 어떤 것의 위치와 속도, 가해지는 힘을 알 수 있으면 그것이 나중에 어떤 결과로 나타날지도 알 수 있다고 라플라스는 생각했어. 라플라스의 말은 결국 우주 안에 있는 모든 것은 미래가 완전히 결정되어 있다는 얘기야.

라플라스의 생각대로라면 1초 늦게 출발한 것은 1초 늦게 도착하는 게 당연해. 하지만 카오스 이론은 라플라스의 생각에 반대할 걸? 카오스 이론에서는 1초 늦게 출발한다고 해서 반드시 1초 늦게 도착하지는 않아. 1초가 될지 10초가 될지 100년이 될지 알 수 없는 거지. 처음에 생긴 작은 차이 때문에 결과가 크게 바뀔 수 있다는 카오스 이론은 라플라스의 이론이 틀릴 수 있음을 보여 주었어.

라플라스

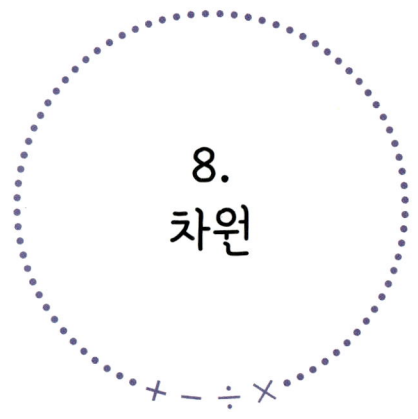

8.
차원

    흔히 우스갯소리로, '생각이 4차원적이다'라는 말을 종종 쓰곤 하지? 우리가 일상어에서 쓰는 '차원'이라는 말은 어떤 사물이나 사건을 볼 때의 방식이나 관점 등을 뜻해. 하지만 수학에서는 도형이나 물체, 공간에서 한 점의 위치를 말하는 데 필요한 실수의 최소 개수를 의미해. 좀 어렵지만 찬찬히 생각해 보자고. 흔히 직선은 1차원, 평면은 2차원, 입체를 3차원이라고 하잖아. 우선 점은 차원이 없어. 다음, 한 점과 한 점을 연결한 선은 1차원이야. 그다음, 선과 선이 모여 만들어진 평평한 도형은 2차원이지. 2차원의 도형이 연결되면 입체 모양이 될 수 있어. 입체는 3차원을 나타내.

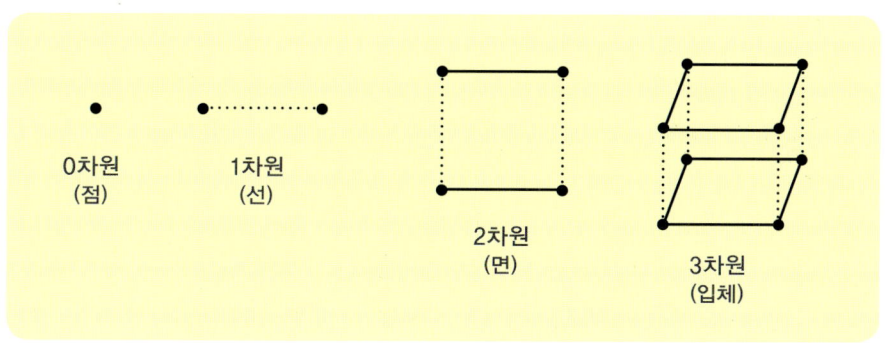

차원의 관계

　3차원에 시간이 더해지면 4차원이라고 할 수 있어. 시간과 공간이 존재하는 세상을 4차원이라고 해. 우리가 사는 세상이 일종의 4차원이야. 얼마 전까지는 우리가 사는 세상이 3차원인 줄 알았어. 그도 그럴 것이, 눈에 보이는 세상이 3차원 공간이니까. 시간은 눈에 보이는 건 아니니 고려의 대상이 아니었던 거지.

　높은 단계의 차원은 아래쪽 차원의 특징을 포함하고 있어. 선이 모여서 도형이 되고, 도형이 모여서 입체가 되는 식으로 말이야. 높은 차원에서는 아래쪽 차원에 관해 쉽게 알 수 있지. 예를 들면 땅을 기어 다니는 개미는 인간보다 낮은 차원에 사는 거야. 개미는 자신들의 동료가 뿌린 냄새를 맡으며 한 줄로 먹이를 찾으러 가. 이런 1차원적인 개미들의 이동을 4차원의 사람이 위에서 내려다보는 건 아주 쉬워.

　사람이 손가락으로 개미가 가는 길을 막으면 개미들은 무슨 일이

5장 무한함을 예측하다

벌어졌는지 알지 못하고 우왕좌왕하게 돼. 낮은 차원에 사는 개미들 입장에서 인간은 신과 같은 존재일지도 모르지.

물리학에서와 달리 수학에서는 원하는 대로 차원을 만들 수 있어. 수학에서는 높은 차원의 공간이 종종 만들어지지. 이러한 다차원이 정말 존재한다는 것은 아니야. 수학의 이론상 존재한다고 가정하는 거지. 수학의 차원과 물리학의 차원은 다른 것이라고 할 수 있어.

필즈상

노벨상에는 수학상이 없어. 노벨상은 처음에 문학, 물리학, 화학, 생리 의학, 평화 부문의 상만 있었어. 1969년에 경제 분야가 추가됐지. 수학은 모든 과학의 기초인데 왜 노벨상에 수학상은 없는 걸까?

알프레트 노벨(1833년-1896년)은 다이너마이트를 만든 스웨덴의 화학자였어. 다이너마이트는 처음에 터널이나 운하 등을 만드는 데 아주 유용한 발명품이었지만, 다이너마이트가 전쟁에 이용되기 시작하면서 많은 사람이 목숨을 잃었지.

다이너마이트를 발명한 덕에 큰돈을 벌었지만, 노벨은 자기 발명품이 사람을 죽이는 무기가 된 것에 가슴이 아팠어. 그래서 노벨은 인류의 복지에 큰 공헌을 한 사람에게 자신의 유산을 기금으로 상을 주라는 유언을 남겼지. 그런데 수학 분야의 상이 빠진 거야. 몇 가지 설이 있어. 노벨은 살아 있을 때 스웨덴 수학자 미타그레플레르(1846년-1927년)와 사이가 좋지 않았다고 해. 미타그레플레르에게는 코발렙스카야(1850년-1891년)라는 러시아 여성 수학자인 제자가 있었는데, 소문으로는 노벨과 미타그레플레르가 동시에 코발렙스카야를 좋아했다는 거야.

때문에 노벨과 미타그레플레르의 사이가 좋지 않았고, 노벨이 미타그레플레르에게 노벨 수학상을 주고 싶지 않아서 수학상을 안 만들었다는 거지. 하지만 사실 노벨과 코발렙스카야는 만난 일이 거의 없다고 해. 만나지도 못하는데 사랑은 무슨. 사람들이 그냥 넘겨짚어 만들어 낸 이야기일 가능성이 높아.

그러면 노벨 수학상이 없는 진짜 이유는 뭘까? 노벨은 책상에 앉아만 있지 않고 몸으로 직접 뛰어가며 뭔가를 만드는 사람이었어. 그래서 아마 실생활에 직접 도움이 되는 일을 한 사람에게 상을 주려고 했던 것 같아. 지금이야 수학이 정보화 사회의 바탕이지만 그때만 해도 추상적인 학문으로 여겼기 때문에 수학 분야를 아예 젖혀 두고 노벨상을 정했다 이거지.

저 위대한 과학자 아인슈타인도 상대성 이론으로는 노벨상을 못 탔어. 상대성 이론이 실생활에는 크게 필요가 없어 보였으니까. 대신 아인슈타인은 광전 효과에 관한 연구로 노벨상을 탔어. 광전 효과는 금속에 빛을 쪼였을 때 전자가 튀어나오는 현상에 관한 연구야. 여기저기 생활에 사용할 법하니까 상을 준 거지.

여기 노벨 수학상이 없음을 안타까워하는 이가 있었으니, 바로 캐나다의 수학자 존 필즈(1863년-1932년)야. 필즈는 수학자로서 특별한 업적을 쌓지는 못했지만 수학의 발전을 위해서 많은 노력을 했지.

1932년, 필즈는 병에 걸린 채 마지막 순간을 기다리고 있었어. 필즈는 남은 힘을 다해 수학자인 존 라이튼 싱을 불러서 미리 써 둔 유언장을 주었어.

그해 9월, 스위스에서 세계 수학자 대회가 열렸는데 필즈는 세계 수학자 대회가 열리기 한 달 전 세상을 떠나고 말았어. 세계 수학자 대회에서 싱은 필즈의 유언을 발표했어.

"나의 모든 재산을 필즈상의 기금으로 사용해 주십시오."

참석한 수학자 모두가 고인이 된 필즈의 뜻에 찬성했어. 세계 최고 수학상인 '필즈상'이 탄생한 거야. 필즈상 메달에는 최고의 수학자였던 아르키메데스의 옆 모습이 새겨져 있지.

지금도 수학 발전에 탁월한 공을 세운 수학자가 필즈상을 받고 있어. 4년마다 열리는 세계 수학자 대회에서 필즈상을 수여하는데, 이 상은 40세

존 필즈

가 넘은 사람은 받지 못해. 남은 삶 동안 수학을 더욱 발전시키라는 격려의 의미가 있기 때문이기도 해. 젊어서부터 열심히 해라 같기도 하고…… 흠흠.

필즈상은 1966년부터 한 회에 두 명 이상 네 명 이하로 상을 주고 있어. 2014년 세계 수학자 대회는 우리나라에서 개최되었고 최초로 여성이 필즈상을 받았어. 이란 수학자 마리암 미르자카니(1977년-)가 그 주인공이야. 여러분, 우리도 탈 수 있습니다! 열심히 해서 마흔을 넘기 전에 수학에 큰 공을 세운다면…….

필즈상 메달

마리암 미르자카니

| 위대한 여성 수학자 이야기 |

히파티아

355년?-415년

과거 서양에서는 주로 남자 학자들이 판을 쳤어. 아리스토텔레스, 소크라테스, 플라톤, 아르키메데스 등 모두 남자야. 한 사람, 히파티아만 빼고. 당시 사회적인 분위기 때문에 여성들은 학자가 되기 어려웠지만 히파티아가 여성학자의 자존심을 세운 거지.

히파티아는 수학사에 언급되는 최초의 여성학자야. 당시 위대한 학자들은 뛰어난 지식과 지혜를 가진 히파티아를 모두 찬양하고 존경했다고 해. 편지를 보낼 때 특별히 받는 사람 이름이나 주소를 쓰지 않아도 '여신에게'라고만 쓰면 히파티아에게 배달되었다는 이야기가 있을 정도야.

당시 여성이 학문 연구를 하기 쉽지 않았을 텐데 히파티아는 어떻게 뛰어난 학문적 업적을 쌓을 수 있었을까?

당시 히파티아의 아버지 테온은 알렉산드리아 대학에서 수학을 가르치며 나중에 대학 학장까지 지냈는데 딸 교육에 무척 신경을 썼다고 해. 그래서 히파티아는 어릴 때부터 자연과학, 철학, 예술, 문학, 종교를 비롯해 체조, 수영, 승마, 등산, 웅변까지 다양한 분야를 공부할 수 있었어. 그 시절 이집트 알렉산드리아는 서양 문명에서 학문의 중심지였기 때문에 세계 각국의 학자가 모여들었는데, 그 덕분에 다양한 학문을 접할 수 있었던 거야.

히파티아는 특히 수학적 재능이 뛰어났어. 강의도 인기가 많아서 제자들도 많이 따랐는데, 아시아와 유럽, 아프리카에서도 학생이 찾아올 정도였다고 해.

히파티아의 인기는 학문에 그치지 않았어. 수많은 왕자와 학자를 비롯해 당대의 멋진 남자들이 그녀와 결혼하고 싶어 했지만, 그때마다 자신은 진리와 결혼했다며 거절했지. 히파티아는 평생 결혼하지 않았다고 해.

히파티아는 수학에 관한 책을 몇 권 썼지만, 안타깝게도 완벽한 상태로 전해지는 것은 없어. 알렉산드리아에 있던 도서관과 함께 사라졌거나 세라피스 신전이 약탈당했을 때 없어졌을 것으로 추정 돼. 남아 있는 기록으로는 디오판토스가 쓴 책에 관해 설명한 자료가 잘 알려져 있어. 일차 방정식과 이차 방정식에 관한 디오판토스의 책에 히파티아가 새로운 풀이 방식과 문제 여러 개를 추가한 기록이 남아 있지. 그 밖에도 히파티아는 천체 관측, 유클리드에 관한 책, 원추 곡선에 관해 연구하기도 했어.

하지만 여신이라 불릴 정도로 지혜로웠고 당대 모든 지식인들에게 존경받았던 여성 수학자 히파티아는 종교와의 갈등 때문에 안타까운 죽음을 맞고 말아. 당시 히파티아는 그리스 사상을 가르치는 '신플라톤학파' 소속이었는데, 이 학파에서 추구했던 과학적인 이상주의는 그 시절 기독교 사상에 반하는 것이었어. 학문과 종교가 분리

되지 않았던 시절이었기 때문에 과학적이고 이성적인 사상을 기독교에 대한 심각한 위협으로 여겼던 것이지. 기독교 세력은 히파티아가 속했던 신플라톤학파 같은 집단을 사교로 취급했어.

412년, 알렉산드리아의 주교로 임명되었던 키릴로스는 자신과 적대적인 관계에 있던 이집트 제독 오레스테스를 물리치기 위해 먼저 히파티아를 제거하기로 마음먹었어. 히파티아를 따르는 지식인들이 많았거든. 그렇게 키릴로스의 선동으로 히파티아는 기독교 광신자들에게 살해당하고 말았어.

히파티아의 억울한 죽음 이후 수많은 학자가 떠나면서 학문의 중심이었던 알렉산드리아는 쇠퇴의 길을 걷게 되었어. 학문적 전통은 무너지고 봉건 제도와 교회의 속박 때문에 학문과 예술이 퇴보하는 중세 암흑기로 접어들게 된 거야.

아테네 학당

소피 제르맹

1776년-1831년

위대한 여성 수학자 이야기

소피 제르맹은 현대 수리 물리학의 창시자 중 한 사람이야. 수리 물리학은 물리학에 기본이 되는 수학을 말해. 소피 제르맹은 프랑스 파리에서 태어났어. 소피가 살았던 18세기 말, 프랑스는 정치, 사회, 경제적으로 격변의 시기를 맞았어. 불안정안 사회 상황에 사람들은 불안해했고 범죄자들이 넘쳐났지. 소피 제르맹은 부유한 집안에서 태어나 경제적인 어려움을 겪지는 않았지만 또 다른 문제가 있었어. 여자에게 불리한 사회가 소피에게는 가장 큰 문제였어.

소피는 어린 시절 집에 머물며 열심히 책을 읽었어. 그녀는 아버지 서재에 있던 《수학의 역사》에서 아르키메데스가 도형을 그리다가 죽은 이야기를 읽고 '기하학이 얼마나 흥미로우면 칼을 든 로마 병사도 신경 쓰지 않았을까? 수학을 공부하고 싶어!'라고 생각한 거야.

하지만 소피의 부모는 수학을 공부하겠다는 소피의 뜻에 반대했어. 당시 서양에서는 여성이 학문을 연구하는 것을 좋게 생각하지 않았거든. 소피의 부모는 소피가 수학 공부를 하지 못하게 일찍 불을 끄거나, 밤에 일어나서 옷 입고 책을 읽을까 봐 옷을 감추기도 했어. 하지만 소

소피 제르맹

피는 감춰 둔 초를 켠 뒤 이불을 덮고 책을 읽었다고 해.
어느 겨울 아침, 소피의 방에 들어선 부모는 깜짝 놀라고 말았어. 소피가 밤새 공부를 하느라 몸이 꽁꽁 언 채로 책상에서 잠들어 있었던 거야. 계산을 하느라 필기 가득한 종이들이 여기저기 널려 있었고 잉크까지 얼어붙어 있었지. 소피의 열정에 두 손 두 발 다 든 부모는 어쩔 수 없이 소피가 수학 공부하는 것을 허락해.
1794년, 파리에 국립 고등 기술학교가 세워졌어. 소피도 학교에 가고 싶었지만 그곳은 여성을 학생으로 뽑지 않았기 때문에 입학할 수가 없었어. 대신 소피는 교수들이 강의한 자료를 구해다 공부했어.
국립 고등기술학교에서는 학기가 끝나면 공부한 내용을 정리해 보고서를 써내야 했는데, 소피는 남자인 척하고 '르 블랑'이라는 이름으로 라그랑주 교수에게 보고서를 보냈어. 라그랑주 교수는 18세기 최고의 수학자 중 한 사람이야. 라그랑주 교수는 소피가 낸 보고서를 보고 과제를 쓴 학생을 찾았지만 있을 리가 있나. 결국 소피가 그 보고서를 썼단 사실을 안 라그랑주 교수는 소피의 집을 직접 찾아가 아주 크게 칭찬했다고 해.
3대 수학자 중 한 사람인 가우스가 《정수론 연구》라는 책을 출간한 이후 '르 블랑'이라는 프랑스 사람에게 편지를 받았어. 그 '르 블랑'이 바로 소피 제르맹이었어. 소피가 보낸 편지 내용은 가우스의 연구에 큰 도움을 줬다고 해. 그즈음 프랑스 군대가 독일 하노버에 쳐들어갔어. 가우스가 사는 마을이 그곳에 있었는데, 소피는 프랑스 군대 사령관이었던 페르네티 장군에게 가우스를 잘 보호해 달라고 부탁했어. 그 사령관이 소피의 친척이었거든. 가우스는 적의 군대가 자신을 보호하자 어리둥절했어. 나중에야 가우스는 자신과 편지를 주고받았던 '르 블랑'이라는 사람이 여성 수학자이고 자신이 안전하도록 적군에 부탁했다는 사실을 알았지.
소피 제르맹은 소수에 대해 연구해서 '소피 제르맹의 정리'를 남겼어. 이 연구는 100년 동안 해결되지 못했던 '페르마의 마지막 정리'를 완성하는 데 결정적인 역할을 했지.

그 뒤로도 소피는 수학에 관한 다양한 활약을 펼쳐서 1816년에는 학술원에서 대상을 받기도 했어. 수학회에도 초청되었고 프랑스 학술 기관 공식 회의에 참석해 강의하기도 했지. 학술 기관에서 여성 수학자가 강의한 건 소피가 처음이었어.

그렇게 뛰어난 수학자였지만 소피에게는 학위가 없었어. 소피의 재능을 존경한 가우스는 독일에 있는 괴팅겐 대학에 요청해 소피에게 박사 학위를 주라고 요청했어. 하지만 소피는 박사 학위를 받기 직전인 1831년 6월 26일에 세상을 떠나고 말았지. 오늘날 프랑스 파리에는 위대한 여성 수학자였던 소피를 기리는 소피 제르맹 거리가 있어.

> 위대한 여성 수학자 이야기

에미 뇌터

1882년-1935년

여성 3대 수학자로 앞에서 이야기한 히파티아, 소피 제르맹, 마지막으로 에미 뇌터를 들 수 있어. 에미 뇌터는 독일에서 태어났어. 아버지와 동생도 수학자였지. 당시 에미가 살던 곳에는 에를랑겐 뉘른베르크 대학이 있었어. 소피가 살던 프랑스와 마찬가지로 그 학교에서도 여학생은 받지 않았어. 정말 화가 나네. 하지만 소피 제르맹처럼 에미도 쉽게 포기하지 않았어. 학교에 찾아가서 청강했지. 청강은 교수에게 허락받고 수업을 듣는 거야. 학교에 다닌 걸 공식적으로 인정받지는 못했지만 에미에게는 수학을 공부할 수 있는 것만으로도 다행이었어.

에미 뇌터

다행히 1904년에 에를랑겐 뉘른베르크 대학에서 여학생을 받기로 했어. 에미는 바로 입학했지. 학계에서는 여전히 여성을 차별했지만 에미는 지지 않았어. 기어코 박사 학위까지 받아 냈고 다양한 책을 썼지.

1915년, 에미는 마침내 독일 괴팅겐 대학에서 강의할 수 있었어. 하지만 안타깝게도 본인의 이름을 내건 강의는 아니었어. 에미의 뛰어난 재능을 아깝게 여겼던 동료 힐베르트 교수가 에미를 위해 자기 이름으로 된 강의를 내어 준 거야. 에미가 강의를 하게 된 일을 두고 다른 남자 교수들이 반발했어. 정말 못났지. 힐베르트 교수는 에미를 위해 나섰어. 그는 대학은 학문을 하는 곳이지 남자 여자를 따져서 출입시키는 대

중목욕탕이 아니라고 말했지. 결국 1919년 차별을 극복하고 에미는 자기 이름으로 강의할 수 있는 교수가 되었어. 돈은 받지 못했지만.

그것도 잠시, 이번에는 독일 나치가 인종 차별법을 들고 나섰어. 유대인이었던 에미 뇌터는 다시 강의할 수 없게 되었어. 강의는커녕 목숨까지 위협 받게 되자 에미는 나치를 피해 1933년 독일에서 탈출해. 미국으로 건너 간 에미는 미국 브린 마르 대학의 교수가 되고 정말 힘겹게 수학자로서의 실력을 인정받았지만, 1935년 수술을 받다가 사망하고 말았어.

에미 뇌터는 현대 추상 대수학의 창시자라고 할 수 있어. 대칭성과 보존 법칙 사이의 일대일 대응 관계를 정리했는데, 모든 대칭은 그에 대응하는 변하지 않는 양이 있다는 얘기야. 이는 아인슈타인의 특수 상대성 이론의 '무엇도 빛보다 빠를 수 없다'는 제1원칙에 맞먹는 연구 결과야. 아인슈타인은 에미 뇌터를 이 시대 최고의 수학자라고 칭송했지.

여성이라는 이유로, 거기다 나치가 지배했던 독일에서 태어난 유대인이라는 이유로 에미는 평생 차별과 편견에 시달렸어. 하지만 수학에 대한 열정 하나로 모든 어려움을 이겨냈지. 결국 에미는 수학사에 자신의 발자취를 남긴 위대한 수학자가 된 거야. 멋지다!

· 사진 자료 출처

71p_산가지, 72p_주판
공공누리 제1유형으로 개방되어 있는 이미지로, 해당 공공저작물은 국립민속박물관에서 소장하고 있으며
e뮤지엄 홈페이지(http://www.emuseum.go.kr)에서 이미지를 무료로 다운받으실 수 있습니다.